もしも
戦国時代に
生きていたら

監修　小和田哲男／辻明人

ワニブックス
PLUS新書

Prologue

「信長《のぶなが》の時代」を生きた人々

本書では、太田牛一《おおたぎゅういち（うしかず）》(※1)の『信長公記《しんちょうこうき》』やルイス・フロイス(※2)の『日本史』など、織田《おだ》信長と同時代を生きた人々が書き残した一次史料を主な材料として、天正《てんしょう》十年（1582年）の一月一日から、「本能寺《ほんのうじ》の変」が起きた同年六月二日まで約五カ月間のできごとを描いている。

そのため、本書を読めば「本能寺の変」が起こるまでの半年弱の間に、信長やその側近たちのまわりでどのような事件が起き、どのように歴史が動いたのかを知ることができる。

一方で、本書は当時「記録」に残ることのなかった、戦国の世を生きた人々の暮らしや心情の再現を試みたフィクションでもある。

そのため、本書の主人公は織田信長一人ではない。信長とその嫡男《ちゃくなん》の信忠《のぶただ》や、織田家に仕えて安土《あづち》や岐阜《ぎふ》の城下に暮らした家臣たちやその家族、町の人々、織田軍

※1 太田牛一…安土桃山時代・江戸初期の武士、軍記作家。織田信長の弓衆になり「弓三張之人数《ゆみみはりのにんじゅ》」に数えられた。信長没後、豊臣秀吉《とよとみひでよし》・秀頼《ひでより》に仕え、隠棲《いんせい》後に軍記の述作に専念した。

と戦い滅んだ武田《たけだ》家の人々とその家臣たち、そして、相次ぐ戦に翻弄されながらも知恵や勇気をふり絞って生きていた農民などが、本書の主人公である。

前述のとおり、本書の目的の一つは「記録に残ることのなかった人々」の暮らしを再現することであるため、本書に描かれていることには想像をまじえた部分（フィクション）も多い。しかし、それらはなるべく歴史的事実に即するよう当時の人々の生活や風俗を伝える資料を丹念に調べ、そのうえで、身近に感じられるよう再現することを試みている。

また、当時の「衣・食・住」などの生活や文化がどのようなものであったかの知識が得られるよう、現代ではあまり見ることのない当時の事物の名称や、説明を要すると思われる言葉については本文の下に注釈を加えた。

本書が、あなたを戦国の旅へと誘《いざな》うことを願いつつ、物語は天正十年一月一日の信長による「安土城完成披露」の場面から始まる。

※2 ルイス・フロイス…ポルトガルのイエズス会士。1563年に来日し、九州や近畿など各地で伝道。織田信長、豊臣秀吉とも交わり、ザビエル以後の布教史『日本史』を著わした。

もしも戦国時代に生きていたら

天正十年二月 ――風雲――

天正十年三月 ——無常——

天正十年四月 ――帰還――

天正十年五月〜六月　―転変―

天正十年（1582年）一月 ―順風―

「一月」の主な登場人物

- 織田信長
  - 重臣 ― 惟任日向守（明智光秀）
  - 側近
    - 松井友閑
    - 菅屋長頼
    - 堀秀政
  - 馬廻
    - 毛利良勝
    - 佐久間兵大夫
    - 石黒彦二郎
    - 青地与右衛門
    - 大脇伝内
  - 家臣 ― 弥助 ◀ 門人（青地与右衛門）
  - 客分 ― 矢代勝介
  - 嫡男 ― 織田信忠
    - 小姓
      - 毛利岩丸 ◀ 嫡男（毛利良勝）
      - 加藤辰千代

※上の図は「一月」に登場する主な人物に絞って掲載しています。上図掲載の人物を含め、本文に登場する人物はすべてp196〜205の「登場人物索引 兼 人物紹介」にて人物紹介文を掲載（五十音順）していますので、あわせてご参照ください。

※本文下の「注釈」のみで触れた人物については、「登場人物索引 兼 人物紹介」に掲載されていません。

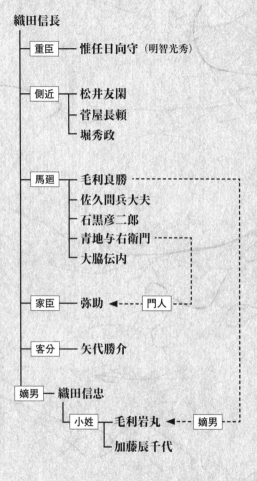

▼年頭の安土城《あづちじょう》

天正十年一月一日（1582年1月24日）

辰《たつ》の刻《こく》（午前八時前後）ころ、織田信長《おだのぶなが》が「開門！」と叫ぶと、足軽たちが重々しく黒金門《くろがねもん》（1）を開けた。そびえ立つ石垣に囲まれた門外の石段は、あふれんばかりの人だかりだ。小姓《こしょう》（2）や足軽たちが押し寄せる人々を押しとどめていると、信長が自ら見物人たちから百文《もん》（3）の祝い金を受け取り、背後に控える近習《きんじゅ》（4）たちに次々と後ろ手で投げ渡してきた。門の下には、細い縄を通した一文銭の束がみるみる積み上がってゆく。

やがて信長は飽《あ》きたのか、「あとは任せた」と小姓た

（1）**黒金門**…安土城の中枢部（本丸・二ノ丸・三ノ丸・天主）の入り口に建っていた門。

（2）**小姓**…平時は主君に近侍《きんじ》して身辺の雑用を務め、戦時も親衛隊として主君を護衛した。多くは若年の武士が務めた。

（3）**百文**…現在の一万〜一万五千円程度

（4）**近習**…主君の側近くに仕える者のこと。馬廻や小姓も近習と言える。

（5）**天主**…安土城の場合は「天守」ではなく「天主」と表記する。

（6）**馬廻衆**…主君の親衛隊的な役割を担

ちを引き連れてさっさと天主《てんしゅ》(5)へと消えていった。残された佐久間兵大夫《さくまへいだゆう》たち馬廻《うままわり》衆(6)は、見物人たちから次々と渡される祝い金を受け取るのにてんてこ舞いだ。

　すると、門外から腹に響くような地鳴りと人々の悲鳴が聞こえてきた。ただごとではないと感じた兵大夫は、あわてて祝い金の受け取りを石黒彦二郎《いしぐろひこじろう》ら他の馬廻衆に託し、轟音のしたほうへと駆けていった。

　兵大夫が逃げ惑う人々を掻き分けてようやく現場にたどり着くと、百々橋口《どどばしぐち》道(7)から摠見寺《そうけんじ》(8)へ上る途中の石垣が崩れている。どうやら、あまりにも多くの人々が押し寄せたため、その重さに耐えきれず石垣が崩落したようだ。落下したいくつもの大石のまわりでは大勢がうめき声を上げており、石の下敷きになって死んでいる者もいた。そんな混乱の中、刀をなくしてうろたえる刀

う騎馬武者。戦場では主君の護衛や伝令などの任務につき、平時には政務を行う場合もあった。

(7) **百々橋口道**…四本あった安土城への登城道のうちの一本。ほかに大手道、七曲り道、搦手《からめて》道があった。

(8) **摠見寺**…織田信長が安土城内に建立《こんりゅう》した寺。安土城の築城時に信長の御《ご》座所《ざしょ》だった場所に建てられた。

持ちの若党《わかとう》(9)たちが方々を歩き回っている。

騒ぎを聞きつけた信長は、このままでは混乱が収まらぬと見て、見物人を家臣と他国衆(10)、安土城下の人々に分け、それぞれ異なる門から入城させるよう命じた。

すでに城内は織田家の一門衆(11)や家臣、諸国の大小《だいしょう》名《みょう》らでごったがえしていた。南虎口《こぐち》門の外には城下の人々が集まって今か今かと開門を待っており、信長が大小名らを招き入れた北東の城門近くの台所(12)前には、祝い金や献上物が無造作に積み上げられている。

役目を終えた兵大夫が他の馬廻衆とともに天主下の白《しら》洲《す》(13)で控えていると、信長に伴われて惟任日向守《これとうひゅうがのかみ》（明《あけ》智《ち》光秀《みつひで》）と松井友閑《まついゆうかん》が本丸御殿から出てきた。本丸御殿の御幸《みゆき》の間(14)を見てきたのだろう。神妙な面持ちをした光秀とは対照的に、友閑は軽く笑みを浮かべて信長と

(9) **若党**…年若い従者。
(10) **他国衆**…大名の本拠がある本国以外に領地を認められている家臣とその配下。
(11) **一門衆**…当主の親族にあたる人々。
(12) **台所**…炊事場。
(13) **白洲**…砂利を敷き詰めた庭。
(14) **御幸の間**…天皇を迎えるための部屋。
(15) **大和衆**…織田家に従う大和国（現・奈良県）の大小名や国衆。
(16) **江雲寺御殿**…安土城の三の丸にあったとされる御殿。

何やら話をしており、三人の背後には大和《やまと》衆(15)や堺《さかい》の茶人らが続いた。信長は兵大夫ら馬廻衆に気づくと、「お前たちも御殿を見るがよい」と声をかけた。

そこで馬廻衆も、本丸御殿の御幸の間や江雲寺《こううんじ》御殿(16)を見物することにした。御殿はいずれも噂に違《たが》わぬ絢爛《けんらん》ぶりだ。各間や廊下の至るところに金の装飾が施され、壁や襖《ふすま》は狩野永徳《かのうえいとく》による各地の風景を描いた障壁画で飾られている。兵大夫はただただ「ありがたいものを見た」と感心するしかなかった。

兵大夫たちが白洲に戻ると再び呼び出しがあり、年若い馬廻衆ばかり十五人ほどが南虎口門の前に集まった。ようやく城下の人々を入城させることになったようだ。

信長は門の前で小姓衆と談笑しながら、再び自ら見物料の百文を徴収しようと待機していた。

▼安土城下の正月

天正十年一月一日（1582年1月24日）

石黒彦二郎が城下の屋敷に戻ると、玄関前に門松《かどまつ》（1）が置かれていた。人一倍縁起物を尊ぶ母のフクが、小者《こもの》に庭の竹を伐《き》らせてこしらえたのだろう。土間《どま》に入ると、彦二郎は真っ先に「腹が減った」と声をかけた。城では安土城に出仕した大小名たちの接待に加え、献上物や祝い金の受け取りに大忙しで食事どころではなかったのだ。盆を運んできたフクは「石垣が崩れて死人が出たらしいなも。縁起悪いわ」と眉《まゆ》を寄せながら、板の間に座る彦二郎の前に酒と雑煮（2）が入った椀を置いて「正月だも

（1）**門松**…正月に松を飾る風習は平安末期よりあり、竹とあわせた門松の形になったのは鎌倉中期と考えられている。

（2）**雑煮**…もとは公家が祝いの席で食していたもので、中世にそれを武家が取り入れ、江戸時代に庶民に広まったという。

（3）**餅菜**…小松菜に似た尾張地方の伝統野菜。尾張では「名（菜）を上げる」という意味の縁起担ぎとして雑煮に入れる風習がある。

（4）**もう十五**…数え年。満年齢で十四歳

んでね、験《げん》を担《かつ》いで餅菜《もちな》(3)入れといたわ」と言った。

フクは安土で一人暮らす息子と正月を祝うため、わざわざ在所の清須《きよす》から餅菜を持ってきてくれたのだ。彦二郎は酒とともに故郷の正月の味を堪能した。

酒と雑煮を腹に流し込んだ彦二郎が一息ついていると、フクは「キクも、もう十五(4)だもんで」と、父の代から昵懇《じっこん》にしている毛利《もうり》家の娘のことを話し始めた。どうやら安土まで出向いてきた本当の目的は、息子と正月を祝うことより、許嫁《いいなずけ》(5)との祝言《しゅうげん》の件だったらしい。彦二郎もキクのことは嫌いではないが、いかんせんまだ子どもなので妹のように感じてしまい、嫁に迎えるのをためらっているのだ。彦二郎は、うかがうようなフクの視線を避けるようにして背を向けると、「ちょこっと岩丸《いわまる》に会ってくる」と言って立ち上がった。

前後。

(5) 許嫁…当時の武家は、武家家法などにより男女間の自由意思による結婚に制約が加えられることが多く、特に父親の意見に重きが置かれた。大小名やその重臣に至っては、政略結婚がほとんどだった。

▼岐《ぎ》阜《ふ》城下の正月

天正十年一月四日（1582年1月27日）

正月二日の朝、毛利岩丸は父の良勝《よしかつ》とともに安土を発《た》った。良勝は織田信長の直臣だが、若い衆の多い岐阜の家中のお目付《めつけ》役として、平時は家族のいる岐阜城下で暮らすことを許されていた。この日、二人は垂井《たるい》で一宿し、岐阜の屋敷に着いたのは翌日の昼下がりだった。

四日の朝、岩丸が父とともに岐阜城に出仕すると、御殿の広間には織田信忠《のぶただ》の家臣や近習たちが集まっていた。床には膳が並び、岩丸が座ると間もなく上段の間（1）に信忠が現れた。「元日から安土に出仕した者も、城の番

（1）**上段の間**…下段の間より床が一段高くなっている座敷。主君が家臣などに対面する場所とした。

（2）**三献の作法**…儀礼的な酒宴の作法で、肴《さかな》の膳を出すごとに酒を勧めて乾杯することを三度繰り返す。三献の儀、式三献とも。

（3）**信忠だけは苦笑いを浮かべていた**…信忠は、自分で演じて悦に入るほど能楽に熱中していたため、前年の天正九年（1581年）に信長の怒りを買い、能楽の道具を取り上げられている。

をした者もご苦労だった」との労《ねぎら》いの言葉ののち、まずは三献《さんこん》の作法（2）が行われ、その後は酒宴となった。

酒が進むにつれ無礼講となり、岩丸は小姓仲間の加藤《かとう》辰千代《たつちよ》や金森義入《かなもりぎにゅう》らと能楽《のうがく》のまねごとをしてやんやの喝采《かっさい》を浴びたが、信忠だけは苦笑いを浮かべていた（3）。宴席の隅《すみ》では、良勝が情報通の大脇伝内《おおわきでんない》と、佐久間信盛《さくまのぶもり》（4）が死んだらしいという噂や、隣国の武田《たけだ》領の情勢などについて小声で話し合っていた。

その夜、酔って父とともに屋敷に帰った岩丸は、妹のキクに「上様《うえさま》からお前にだ」と軽口を叩きながら、城で土産にともらった紙包みを懐《ふところ》から取り出して渡した。包みをほどいたキクは「なんや、やらしい（5）」と言って、土産を置いて屋敷の奥へ逃げてしまった。解かれた紙の上には干し鮑《あわび》（6）がのっていた。

（4）**佐久間信盛**…織田家の筆頭家老として権勢を誇ったが、本願寺《ほんがんじ》との戦いを長引かせたことで信長の不興を買い、天正八年（1580年）に子の信栄《のぶひで》とともに高野山《こうやさん》へ追放された。しかし、高野山への退去も禁じられ、翌年七月、十津川（現・奈良県吉野郡十津川村）で死んだという。

（5）**やらしい**…名古屋弁では「気恥ずかしい」という意味も。もともと日本には女性の純潔を尊ぶ風習はなかったが、このころ、キリスト教徒の増加により純潔を尊ぶ女性が増えたという。

（6）**干し鮑**…鮑は古代から尊ばれており、朝廷にも献上されていた。戦国時代も同様で、出陣や凱旋《がいせん》時の式三献では打鮑（熨斗《のし》鮑）、勝栗《かちぐり》、昆布が供された。鮑はその形状から女性器の比喩に用いられる場合もある。

▼武士の朝

天正十年一月七日（1582年1月30日）

この日、佐久間兵大夫は寅《とら》の刻（午前四時前後）ころに目覚めた。夜着《よぎ》(1)を脱ぎ寝床を離れた兵大夫は、手《た》綱《づな》(2)を締め直したあと、枕元に畳んだ小袖《こそで》(3)に腕をとおしてすばやく帯を締めた。屋敷内はまだ暗闇である。兵大夫は戸を打つ風の音を聞きながら、息を潜《ひそ》めて外の様子をうかがった。

　枕元に置いておいた小刀を腰に差した兵大夫は、土間で草履をつっかけて板戸を開けると、月明かりを頼りに屋敷のまわりを見回った。厩《うまや》の馬も起きているようで、

(1) **夜着**…着物のような形をした寝具。
(2) **手綱**…下着。褌《ふんどし》のようなもの。
(3) **小袖**…筒袖で袖口の小さい和服。現在の着物の原形。
(4) **小者**…武家に仕えて雑役を行う人。
(5) **熱田大明神**…現在の熱田神宮。明治元年（1868年）、神宮号が宣下された。
(6) **南無妙法蓮華経**…妙法蓮華経（法華経）に帰依《きえ》（南無）するという意味の念仏。日蓮《にちれん》は、凡夫《ぼんぷ》はこの語（題目）を唱えるだけで救われると説いた。なお、日本では近世まで神仏習

小さいなきながら小者(4)が与えた餌を食《は》んでいる。土間に戻った兵大夫は、水瓶《みずがめ》の水を茶碗に汲んで飲み干したあと、今度は大きめの木桶《きおけ》にたっぷりと水を汲み、庭に出て行水をした。信長の馬廻として鍛錬を欠かさない兵大夫でも、冬の行水は寒さがこたえる。この日は四日ぶりの行水だった。

手ぬぐいで体を拭いてから手綱を締め直し、再び小袖をまとった兵大夫は、青みがかってきた東の空に柏手《かしわで》を打って熱田大明神《あつただいみょうじん》(5)を遥拝《ようはい》し、座敷に戻ると髪を結い直し、「南無妙法蓮華経《なむみょうほうれんげきょう》(6)」と四半刻《しはんとき》(三十分)ほど唱えた。題目を唱えているうちに空は赤く染まり、外では鳥の声がかまびすしくなってきた。そろそろ出仕《しゅっし》の時間だ。兵大夫は袴《はかま》と肩衣《かたぎぬ》を身につけると、小者に用事を言いつけ、太刀《たち》を佩《は》いて城へと向かった。

合が常識で、神と仏の両方に帰依することに矛盾を感じる人はほぼいなかった。

▼城への出仕

天正十年一月七日（1582年1月30日）

安土城に出仕した佐久間兵大夫は、まずは厩に行き、信長が諸国から集めた名馬（1）を見て回った。馬の世話だけなら厩番《うまやばん》で十分だが、兵大夫は馬の目利《めき》きの力を見込まれ、定期的に馬の体調を見るよう上役から指示されているためだ。

厩の見回りを終えた兵大夫は、城の台所で菜飯《なめし》を握ったもの（2）と白湯《さゆ》をもらい、その場で急いで食べた。

朝食後、兵大夫と石黒彦二郎が安土城南殿《なんでん》の書院で控えていると、馬廻指揮官の菅屋長頼《すがやながより》がせわしげにやって

（1）**名馬**…信長の名馬好きは当時から有名で、生涯に百頭以上を所有したと言われている。

（2）**菜飯を握ったもの**…当時は赤米や黒米の玄米の握り飯が多かった。具を刻んで混ぜることもあった。

（3）**左義長**…どんど焼きのこと。信長の左義長は盛大に爆竹《ばくちく》を鳴らして騎馬隊を練り歩かせ、最後に騎馬を町中に走らせるという派手なもので、当て字で「爆竹（さぎちょう／さぎっちょう）」とも表記する。信長は、天正九年にも同様の催しを行った。

きた。今年も昨年同様に安土城下で左義長《さぎちょう》(3)を催《もよお》すため、長頼の指示で二人は準備にかり出されているのだ。

兵大夫と彦二郎の任務は、馬場《ばば》(4)の普請《ふしん》だ。普請そのものは、昨年の左義長で用いた馬場がそのまま使えるので、さほど手間はかからない。しかし、足軽《あしがる》(5)や人足を使って地面をならしたり、石を取り除いたりといった作業が必要なため、二人はその監督をしているのだ。

兵大夫は、長頼におおむね普請が完了したことを告げたのち、馬場の図面を広げて詳細を報告した。彦二郎のほうでも、すでに客分の馬術家・矢代勝介《やしろしょうすけ》による馬場での試走を済ませており、準備はほぼ整っている。

兵大夫と彦二郎の報告を聞き終えた長頼は、「さようか。大儀《たいぎ》であった」と二人を労い、来た時と同様にそそくさと書院を出て行った。

(4) **馬場**…馬術の練習や競技などを行うために用いる場所。

(5) **足軽**…下級武士。長槍や弓、鉄砲を扱う歩兵として用いた。

▼茶会の準備

天正十年一月七日（1582年1月30日）

明智光慶《みつよし》は、父・光秀から城にある蔵の二階に招じ入れられた。蔵には光秀が集めた茶道具や掛物《かけもの》（1）が収められており、その多くは、光秀の主君である織田信長から褒美として拝領したものだった。

この日は、光秀が坂本《さかもと》城（2）に津田宗及《つだそうぎゅう》と山上宗二《やまのうえそうじ》を招いて茶会を催すことになっていた。光慶は、その準備を手伝うよう父から命じられたのだ。宗及は、光秀の茶の師匠である。宗二も、織田家の茶頭《さどう》（3）である千利休《せんのりきゅう》の高弟であり、最上のもてなしが求められる。光慶も、

（1）**掛物**…掛軸、掛幅《かけふく》、軸などともいう。千利休は自著『南方録《なんぽうろく》』にて「掛物ほど第一の道具はなし」と記している。

（2）**坂本城**…滋賀《しが》県大津《おおつ》市にあった琵琶湖に面する平城（平地に築かれた城）で、明智光秀が築き、居城としていた。

（3）**茶頭**…茶事を司る頭。茶道、茶堂とも。

（4）**ゆるし茶湯**…信長が名物を家臣に与え、これを用いた茶会を開く許可を与えること。こうした茶の湯を用い

幼少のころより父から茶の湯の手ほどきを受けており、その魅力が分かってきたところだ。

光秀はまず、八角釜《はっかくがま》と八重桜葉茶壺《やえざくらはちゃつぼ》の箱を取り出した。これは、光秀が初めてゆるし茶湯《ちゃのゆ》(4)を受けた天正六年正月に、信長から拝領した名物《めいぶつ》(5)である。光秀は、それから少し考えて、高麗《こうらい》茶碗(6)や驛鈴《えきれい》(7)などいくつかの箱を取り出し、中身を確認した。

それらの茶道具を、光慶や小者らに手伝わせて茶室まで運ばせた光秀は、箱から丁寧に取り出して並べ始めた。

一通りの準備が整うと、光秀は書院から一幅《いっぷく》の掛物を持ってきて床の間に飾った。光慶が変わった掛物だと思い茶室の外から眺めていると、それに気づいた光秀は「これは上様の直筆(8)ぞ」と言って、しばらく満足そうに眺めていた。

た論功行賞を秀吉は「御茶湯御政道《おんちゃのゆごせいどう》」と表現した。

(5) **名物**…由緒ある優れた茶道具のこと。

(6) **高麗茶碗**…朝鮮半島で焼かれた茶の湯茶碗のことだが、実際には中国(明《みん》)で焼かれたものが多かった。

(7) **驛鈴**…茶の湯の釜の蓋《ふた》置き。律令《りつりょう》制下、駅使《えきし》に国家が給付した鈴を模していたためこの名がついた。

(8) **上様の直筆**…上様とは織田信長のこと。津田宗及の『茶湯日記』には、この日、光秀の茶会の床の間には「上様之御自筆之御書」が掛かっていたと書かれている。

▼黒人の侍

天正十年一月十日（1582年2月2日）

卯《う》の刻（午前六時前後）ころ、青地与右衛門《あおぢよえもん》は弟の孫《まご》二郎《じろう》とともに相撲の稽古をしながら客人を待っていた。客人というよりも、門人というべきかもしれない。しばらくすると、いつものように門人が大きな図体《ずうたい》で現れた。昨年より信長の近習となり、安土城下に屋敷まで与えられた弥助《やすけ》だ。

この男、とにかく大きい。身の丈は六尺《しゃく》二分《ぶ》（約182cm）余りもあり、全身が牛のように黒い。もとは伴天《ばて》連《れん》⑴の護衛をしていた男で、伴天連たちが安土城を訪

⑴ **伴天連**…異国（主にポルトガル）からやってきたキリスト教の宣教師や神父のこと。

⑵ **相撲**…信長の相撲好きは有名で、『信長公記』に記されているだけでも九回の相撲会を行っている。青地与右衛門は、元亀《げんき》元年（1570年）の相撲会で活躍し、信長の家臣として取り立てられた。

れた時、信長に献上したのだ。弥助は異人ながら日本語をよく解しており、少し妙な訛《なま》りはあるもののしゃべることにも不自由はない。

数カ月前、与右衛門が弟の孫二郎に相撲(2)の稽古をつけていた時、それを屋敷の外から見ていた弥助が「わしにもやらせてほしい」と声をかけてきた。与右衛門は、初めて間近で見た弥助の巨体と黒い肌に少し驚きつつも承諾し、勝負したところ、幼いころから習い覚えた技を駆使して与右衛門が勝った。それ以来、弥助は与右衛門の屋敷に相撲の稽古をしに来るようになった。

とはいえ、与右衛門が弥助に勝ち越すことができたのは、弥助が通うようになってから最初の一カ月ほどのことだけである。最初のうちはその技能ゆえにたびたび弥助を負かすことができていたものの、弥助の体格と腕力

(3)は尋常のものではない。弥助が少しずつ技を覚えるにつれ、与右衛門も弟の孫二郎も、弥助にほとんど歯が立たなくなってしまった。

それでも弥助は、さらに強くなりたいのか、あるいは相撲の面白さに目覚めたのか、しばしば与右衛門の屋敷に通ってきて孫二郎とともに稽古を受け続けている。与右衛門の見るところ、もはや安土城下はもとより、近江《おうみ》の国中を見渡しても(4)、相撲で弥助に敵う者はいないだろう。

稽古を終えた三人は、湿らせた手ぬぐいで汗を拭《ぬぐ》い、小袖を着て身だしなみを整えたあと、板間で車座になって与右衛門の妻がこしらえた雑炊(5)を食べた。

朝食を終えると、与右衛門と弥助は連れだって安土城に向かい、本丸下の分かれ道で別れた。

(3)**弥助の体格と腕力**…『信長公記』には、弥助の腕力について「強力《ごうりき》十人の人に勝《すぐ》れたり」と書かれている。

(4)**近江の国中を見渡してみても**…もとは六角《ろっかく》氏が治めていた近江では相撲が盛んだった。信長が相撲を好むようになったのも、上洛時に六角氏を破り、近江を領有してからのことらしい。

(5)**雑炊**…戦国時代は米が希少だったため、上級武士でも炊いた白米を食べる機会は少なく、玄米や雑穀を雑炊や汁かけ飯にして食べることが多かったという。

(6)**駮の馬**…いろいろな毛色の混じったまだら馬。

与右衛門が厩の前にやってくると、すでに佐久間兵大夫と石黒彦二郎が、最近、信長に進上された名馬やばかげと、奥州から献上された駮《ぶち》の馬（6）を厩から引き出しているところだった。今日は、十五日に催される左義長で信長が騎乗する馬の調教を兼ねて、馬場の仕上がりの最終確認を行う予定だった。

与右衛門が信長のお気に入りの名馬である遠江《とおとうみ》（静岡県西部）産の鹿毛《かげ》を厩から引き出していると、馬廻衆の統率《とうそつ》役である菅屋長頼と堀秀政《ほりひでまさ》がそれぞれ自分の馬を引いてやってきた。長頼と秀政は、左義長の当日に一番手を担《にな》うことになっている。

五人はそれぞれ馬にまたがると、厩前にある北東の城門からゆっくりと馬を走らせて、安土城下から琵琶湖《びわこ》畔まで一直線に整備された馬場に向かった。

▼左義長《さぎちょう》

天正十年一月十五日（1582年2月7日）

左義長の日の朝は、雪が降って風も強く、ひどく寒かった。しかし、馬場には安土城下だけでなく近郷の人々まで群れ集まり、催しが始まる前から非常な賑《にぎ》わいを見せていた。

早い者は明け方ころから、それぞれ主人自慢の名馬を引いた口取り⑴や若党たちが馬場に集まり始め、太陽が安土城天主の屋根を越えるころには、およそ五百頭もの馬が勢揃いした。

辰の刻（午前八時前後）ころ、左義長の開始を告げる

⑴ **口取り**…手綱を持って馬を引く係の者。
⑵ **頭巾装束**…信長は、見物人が集まる催しの際には家臣たちに思い思いの頭巾を被《かぶ》らせるなど、洒落《しゃれ》た装束をさせることを好んだ。ちなみに、舶来の帽子なども「頭巾」と呼んだ。
⑶ **厩別当**…馬および厩のことを司る役職。
⑷ **近江衆**…織田家に従う近江国（現・滋賀県）の大小名や国衆。

太鼓が鳴ると、城の方角から菅屋長頼、堀秀政、長谷川《はせがわ》秀一《ひでかず》、矢部家定《やべいえさだ》の四人の信長側近に率いられる形で、信長直属の小姓衆および馬廻衆およそ百五十騎が蹄《ひづめ》の音を響かせて現れた。いずれも頭巾装束《ずきんしょうぞく》(2)に趣向を凝《こ》らした出立《いでたち》であった。

本来であれば、馬廻である佐久間兵大夫と石黒彦二郎もこの列に加わるはずだったが、この日は厩別当《べっとう》(3)として左義長を取り仕切る青地与右衛門の補佐役を任じられ、催しを取り仕切る側に回っていた。

次に入場したのは、地元の近江衆(4)をはじめとした畿内衆と近隣諸国の大小名たちで、三番目に織田信忠、織田信雄《のぶかつ》、織田長益《ながます》、織田信包《のぶかね》などの織田家一門が続き、そして最後に信長が現れた。

信長は京染めの小袖を着て、頭巾の上には少し上に長く四角い変わった形の笠を被っていた。行縢《むかばき》(5)は赤地金襴《きんらん》で裏は紅桜《べにざくら》模様という鮮やかなもの(6)だ。信長が騎乗しているのは、数日前に兵大夫がこの馬場で調教したやばかげである。

入場が終わると、いよいよ早駆けである。にわかに静まった馬場に十五から二十騎ほどが並び、馬の後ろに仕掛けた爆竹(7)に点火すると、馬たちがすさまじい勢いで走り出した。爆竹の破裂音と見物客たちの囃《はや》し声、一斉に駆ける馬たちが地を蹴る音が響き合い、馬場は興奮に包まれた。早駆けを繰り返すごとに、見物人たちの歓声はますます大きくなっていく。走り出した馬は馬場を飛び出していき、そのまま町中を疾駆《しっく》し、しばらくすると再び馬場へ帰ってきた。

左義長の最後には、信長が自らやばかげ、駮の馬、鹿

(5) **行縢**…乗馬の際に腰から足を覆う布。
(6) **鮮やかなもの**…前年の天正九年二月、信長は左義長をさらに大規模にした「京都《きょうと》御馬揃《おうまぞろ》え」を正親町《おおぎまち》天皇の御前で行った。この時の信長の装《よそお》いは、描き眉の化粧をして金紗《きんしゃ》の礼服をまとい、後ろに花を立てた舶来の帽子を被っていたという。
(7) **爆竹**…竹に火薬を詰めたもの。
(8) **荒馬**…戦国時代には、悍馬《かんば》（気性の荒い牡馬）を乗りこなしてこそ一人前の武士とされていた。当時の馬は小柄とはいえ去勢されていなかったので、乗りこなすのは並大抵のことではなかったようだ。

毛という秘蔵の三頭を取っ替え引っ替えして乗り回し、見物人たちの目の前を風のように走り抜けた。

　さらには信長に勧められた馬術家の矢代勝介がこれら三頭に代わる代わる跨《またが》った。勝介が荒馬(8)たちを見事な手綱さばきで御《ぎょ》し、軽快な蹄の音を立てて目の前を疾駆するその速さには誰もが目を見張った。

　左義長は未《ひつじ》の刻（午後二時前後）ころまで続き、催しが終わったあとも、城下の人々はその余韻《よいん》に浸《ひた》っているようだった。

　与右衛門と兵大夫、彦二郎たちは、手伝いの足軽衆や人足たちに命じて馬場に砂をまき、撤収を行った。三頭の名馬の調教が上々だったので、与右衛門は満足そうだ。三人は厩番や足軽らとともに十数頭の馬の口を引いて城に帰り、厩に収めたのは夕方だった。

▼佐久間信盛の死

天正十年一月十六日（1582年2月8日）

織田信長の怒りに触れ追放された佐久間信盛が、奥熊野で死んだという噂は本当だった。ほんの一年半ほど前まで、織田家の筆頭家老格だった信盛のあっけない没落と死は、織田信忠の側近くで仕える毛利岩丸にとっても世の無常を感じさせるできごとだった。

この日、信盛とともに追放されていた信盛の嫡男《ちゃくなん》・信《のぶ》栄《ひで》が赦免《しゃめん》されたので、岐阜城の織田信忠のもとに礼を述べに来ていた。信忠は、自身も幼少時から何かと世話になってきた信盛の死を悼《いた》みつつ、信栄の旧領を安堵する

(1) **茶の湯は控えられるがよかろう**…佐久間信盛・信栄父子は、大坂本願寺（石山本願寺）を包囲していた4年の間、頻繁に茶会を開いていた。信栄は父をしのぐ茶の湯好きで、この茶の湯道楽が信長の怒りを買い、追放に至った一因とも言われている。

(2) **信盛・信栄父子のかつての権勢**…追放前の佐久間信盛は、配下に三河・尾張・近江・大和・河内・和泉・紀伊の7カ国の軍勢を動かすことができる、織田家中における最大勢力だった。

旨《むね》を伝えた。

岐阜城を退いたあと、信栄は毛利家にも挨拶《あいさつ》に来た。岩丸の父・良勝は、幼いころから剣術や馬術を指南するなどして、目をかけてきた信栄の赦免を喜びながら、「しばらくは、茶の湯は控えられるがよかろう(1)」と言って、白湯を差し出した。

信栄は「かたじけなく」と言いながら椀を押し頂いて、白湯を一気に飲み干した。父・信盛の補佐として十四歳のころから戦陣で奮闘してきた信栄は、少年時代の岩丸にとっては兄のような存在でもあった。

信栄が信長の赦《ゆる》しを得て、今日から岩丸と同じく信忠に仕える身になったことはめでたいことだが、信盛・信栄父子のかつての権勢(2)を知る岩丸としては、いささか寂しい心持ちがした。

弓始《ゆみはじ》め

天正十年一月十七日（1582年2月9日）

この年は、京の将軍家におけるかつての恒例（1）に倣《なら》って、岐阜城下の正一位伊奈波大明神《しょういちいいなばだいみょうじん》（2）の社頭で、毛利岩丸ら腕に覚えのある織田信忠の近習たちが弓始め（3）を行った。

近年は戦術が変化したことで鉄砲の訓練をする者が増え、古式に則《のっと》った流鏑馬《やぶさめ》の鍛錬《たんれん》をする者は減っていた。しかし、前年に信忠が長良川《ながらがわ》の河原に馬術鍛錬のための馬場を築いてから、近習たちの間では、娯楽を兼ねて流鏑馬や笠懸《かさがけ》の鍛錬をする者が増えている。

（1）**将軍家におけるかつての恒例**…戦国時代、京の将軍家および鎌倉の鶴岡八幡宮では、毎年正月十七日に弓始め（流鏑馬）を行っていた。

（2）**正一位伊奈波大明神**…現在の伊奈波神社。岐阜城がある金華山《きんかざん》（稲葉山《いなばやま》）の麓《ふもと》に鎮《しず》まる古社で、美濃《みの》国三宮。もとは金華山支峰の丸山《まるやま》に鎮座《ちんざ》していたが、斎藤道三《さいとうどうさん》が稲葉山城（岐阜城の前身）を築城する際に現社地に遷《うつ》したという。

（3）**弓始め**…新年や弓場を新設した時に初めて矢を射る武家の儀式。

まずは弓始めに参加する信忠の近習たちが勢揃いし、拝殿に昇殿して神主《かんぬし》から修祓《しゅばつ》(4)を受けたのち、年頭の祈願を行った。

弓始めの一番手は、本日の射手《いて》の中では最年少の加藤辰千代である。辰千代は馬場の端《はし》で流鏑馬用の矢を受け取り、巧《たく》みに馬を反転させると、開始の合図である扇《おうぎ》が振られるのを待って愛馬の腹を蹴った。弓を構えて馬場を疾駆した辰千代は、引き絞った右手《めて》から矢を放って見事に的を射落とした。その瞬間、出番を待つ近習や見物人たちから感嘆のどよめきが起こった。

二番手の山口小弁《やまぐちこべん》は馬に乗り、馬場元《ばばもと》(5)から辰千代の巧みな騎射を見て表情を引き締めている。三番手の岩丸は、父から譲り受けた弓の張り具合を確かめたあと、丹田《たんでん》(6)に力を込めて愛馬に跨った。

(4) **修祓**…神道における穢《けが》れを祓《はら》い清める儀式。お祓いのこと。
(5) **馬場元**…流鏑馬で馬を走らせる際のスタート地点。
(6) **丹田**…へその下の下腹部。古来、丹田に力を入れると健康と勇気を得ると言われている。

▼安土城下のセミナリヨ

天正十年一月二十日（1582年2月12日）

大脇伝内は、織田信長に馬廻として仕える武士であるとともに、岐阜と安土にある屋敷を拠点に塩屋を営む商人でもあった。伝内が信長から安土城下に与えられた土地は西の湖《にしのこ》（1）を埋め立てた地域で、城の外堀に面した場所にあった。

伝内の安土の屋敷には立派な舟入《ふないり》（2）があり、家業の流通や販売の拠点となっていた。また、安土城に塩や干物などを納めたり、いざ戦《いくさ》となった時には兵站《へいたん》の要《かなめ》になるほか、安土を訪れる貴人や商人たちの宿にもなってい

（1）**西の湖**…琵琶湖南東岸にある内湖（付属湖）。
（2）**舟入**…船を繋ぎとめるために設けた入江。
（3）**オルガンティーノ**…ニェッキ・ソルディ・オルガンティーノ。イエズス会士のイタリア人宣教師。日本人キリシタンからは「宇留岸《うるがん》さま」と呼ばれていたという。
（4）**セミナリヨ**…ポルトガル語で神学校の意味。イエズス会士のバリニャーノが日本人聖職者養成のために設立した教育施設で、最初は有馬《ありま》（現・

た。このように伝内の屋敷はさまざまな役割を兼ねていたため、安土城下にある数多《あまた》の屋敷の中でもかなり大きいほうである。

しかし、この伝内の屋敷の近くには、さらに人目を引く大きな建物が建っていた。信長が伴天連のオルガンティーノ（3）に与えた土地に建てられたセミナリヨ（4）である。このセミナリヨは、安土城内の天主や御殿を除けば、安土でもっとも壮麗な建物といえるだろう。

三階建てのセミナリヨは、周囲の他の屋敷より頭一つ抜きん出た高さがあり、一階には広い座敷のほか、客をもてなすための茶室を備えていた。二階には伴天連たちの寝室のほかに来客を泊めるための寝室を兼ねた広間があり、三階は高山右近《たかやまうこん》が選抜したキリシタンの少年ら二十五名あまりが学ぶ神学校を兼ねた寮になっている。こ

長崎県南島原《みなみしまばら》市北有馬町）と安土に建てられた。

のセミナリヨの屋根には、安土城と同じ青い瓦が用いられていた。

高槻《たかつき》城（5）主である右近は、安土城下にも信長から与えられた屋敷を持っている。この日は、右近とオルガンティーノが連れ立って伝内の屋敷を訪れた。右近が言うには、信長の三男でキリシタンに理解のある織田信孝《のぶたか》にも完成したセミナリヨを見せたいのだが、信長の許可なく訪れることを躊躇《ちゅうちょ》しているようなので、信長・信孝父子の間を取りなしてもらいたいとのことだった。

伝内は、織田家出入りの商人という顔も持つため、通常の家臣より織田家一門との付き合いが広い。それを見込んでの頼みだろう。しかし、信長がいくら伴天連《バテレン》や右近のような改宗者に寛大とはいえ、彼らの思惑や都合に首を突っ込むのは面倒と考えて、伝内は二人からの申し

（5）**高槻城**…現・大阪府高槻市城内町にあった平城で、入江《いりえ》城とも呼ばれた。

（6）**普請を手伝った**…『信長公記』には、天正九年十月、信長が鷹狩りの帰りにセミナリヨに立ち寄って、土木工事について指示をしたと書かれている。

入れを丁重に断った。

伴天連と右近が帰ったのち、伝内の屋敷の前を十数騎の騎馬が駆け抜ける音が響いた。何ごとかと伝内が屋敷の外をうかがうと、どうやら信長が供の者を従えてセミナリヨを訪れたようだ。おそらく、信長は自身も普請を手伝った(6)セミナリヨの完成を見に来たのだろう。

しばらくするとセミナリヨから、伴天連たちが奏《かな》でる異国の伴奏に、少年らが声を合わせて歌うのが聞こえてきた。信長をもてなすために奏しているのだろう。

伝内は、これまでも時折、伴天連と少年たちが異国の音楽を練習する音を漏れ聞いたことはあったが、一斉に音を合わせた演奏を聞くのは初めてだった。その妙《たえ》なる響きに伝内が聞き惚れていると、いつの間にかセミナリヨの前には人だかりができていた。

▼鷹狩り

天正十年一月二十二日（1582年2月14日）

この日の早朝、信長は弓衆数十名のほか、数羽の鷹を運ぶ馬廻衆や小姓衆なども召し連れ、愛知川《えちがわ》の河畔《かはん》で鷹狩りを行った。信長自身も、一昨年に北条氏政《ほうじょううじまさ》から進上された白鷹の乱取《らんどり》（1）を連れていた。

弓衆は信長から賜った揃いの靫《うつぼ》（2）を背負い、馬廻や小姓たちも思い思いの洒落た鷹狩り装束《しょうぞく》をまとって、めかしている。

まだ朝も早いというのに、信長が鷹狩りを行うとの噂を聞きつけた城下の見物人たちが集まってきている。河

（1）**乱取**…『信長公記』では、優れた飛翔を見せる白い鷹として特筆している。ちなみに戦国時代には、戦いのあとの兵士による略奪行為のことを乱取《らんど》り（乱妨取《らんぼうど》り）といった。

（2）**靫**…矢を入れるための箱形の武具。

畔では、数十人の供の者たちが草を掻き分けながら獲物を追い立てていた。その中には兼松正吉《かねまつまさよし》や菅屋勝次郎《すがやしょうじろう》などの馬廻衆や、森成利《もりなりとし》や今川孫二郎《いまがわまごじろう》といった小姓衆など、信長お気に入りの近習たちの姿も見える。

しばらくすると、獲物を見つけた合図の声が聞こえてきた。どうやら小姓たちが雉《きじ》を見つけたようだ。信長に合図を送る成利の背後には、草叢《くさむら》の上を鮮やかな羽を広げて飛ぶ雉の姿が小さく見える。

信長が合図の方角へ馬を急がせると、白鷹を左手に乗せた鷹匠頭《たかじょうがしら》の青山与三《あおやまよぞう》が騎馬でつき従い、さらにそのあとを槍や弓を持った供の者たちが追いかけていく。

獲物に近づいた信長は馬を下り、与三から乱取を受け取ると、獲物が逃げる方向へ愛鷹《あいよう》を素早く放った。

乱取は白い羽を力強く羽ばたかせて上昇したかと思う

と、瞬く間に急降下して逃げる雉の首と胴を押さえつけた。雉はなんとか逃れようと、まだもがいている。そこへ、最初に獲物を見つけた孫二郎が素早く駆け寄って獲物を取り押さえた。

孫二郎は、乱取に獲物の代わりとなる餌を与えて雉から引き離すと、駆け寄ってきた与三に鷹を渡し、捕らえた雉を信長に恭《うやうや》しく差し出した。信長は「うむ」と言って受け取った雉を無造作に籠に放り込むと、空を見上げた。空には重く雲が立ちこめており、少し雪も降ってきた。かつて信長が京の東山で鷹狩りを行った際、途中で大雪になり、数羽の鷹が風に流されて大和《やまと》(3)の村里まで飛び去ってしまったことがあった。信長は、その時のことを思い出しているのかもしれない。

信長はふと思い立ち、気散じの遊びをすることにした。

(3) 大和…大和国（現・奈良県）。天正五年十一月十八日（1577年12月27日）、信長は京の東山《ひがしやま》で鷹狩りを行う前に、鷹狩り装束で参内して天皇に鷹を見せたという。この時に行方不明となった鷹は、翌日、大和の越智玄蕃《おちげんば》という者が捕らえて信長に返した。喜んだ信長は、玄蕃に衣服一重と秘蔵の名馬一頭を与えたという。

信長はまず馬廻衆と小姓衆を乗馬させ、次に弓衆は徒歩のまま自分のまわりに配置した。こうして乗馬組と徒歩組とに分けたのち、乗馬組を徒歩組の中へ駆け込ませた。乗馬組が徒歩組の中に馬で駆け込むと、徒歩組は必死でそれを避《よ》ける。信長も徒歩組の中にいて、近くを駆け抜ける馬を右へ左へと器用に避けている。

　こうしてしばらく大騒ぎをしていたが、信長はすぐに飽きたのか徒歩組から離れ、駆け込んでくる馬たちを必死に避ける残された徒歩組をニヤニヤと眺め始めた。中には馬に蹴《け》られてうめいている者もいるが、久々に暴れ回った信長は少し息を切らせつつも満足そうだ。

　雪がさらに降ってきたので、これ以上、鷹狩りを続けるのは無理と判断したのだろう。信長は供の者を引き連れてさっさと乗馬し、安土城へと帰っていった。

▼伊勢《いせ》の大神宮《だいじんぐう》

天正十年一月二十五日（1582年2月17日）

この日、伊勢の大神宮（1）の上部《うわべ》貞永《さだなが》より、信長側近の堀秀政を通して、三百年来中絶している式年遷宮《しきねんせんぐう》（2）を復活したいとの願い出があった。信長がどれくらいの費用が必要なのか問うと、千貫《かん》（3）ほどあれば、あとは勧進《かんじん》（4）をしてまかなうとの答えだったので、信長は秀政に三千貫を寄進するように命じた。

これは以前、信長が石清水《いわしみず》八幡宮を修築した際に、三百貫必要との申し出だったものが、実際には千貫以上かかってしまったため、そのくらいは必要になるだろうと

（1）**伊勢の大神宮**…伊勢神宮（正式名称は神宮）のこと。皇祖神の天照坐皇《あまてらしますすめ》大御神《おおみかみ》を祀る皇大神宮《こうたいじんぐう》（内宮《ないくう》）と、天照坐皇大御神の御饌都神《みけつがみ》（食物の神）である豊受大神《とようけのおおかみ》を祀る豊受大神宮《とようけだいじんぐう》（外宮《げくう》）からなる。古代より皇室の氏神として厚く信仰された。

（2）**式年遷宮**…一定の年数ごとに社殿を造り替え、神体を移すこと。伊勢神宮では二十年ごとに行う。

（3）**千貫**…現在の一億〜一億五千万円程度。

（4）**勧進**…社寺造営や仏像造立などのた

判断したためだった。また、勧進を行えば庶民の負担になるであろうことも懸念していた。

信長は、かねて式年遷宮の奉行(5)を命じていた平井《ひらい》長康《ながやす》に、引き続き上部貞永を補佐するよう指示し、大神宮へその旨を書いた朱印状《しゅいんじょう》(6)を出した。

さらに信長は、岐阜城の織田信忠のもとへ森成利をつかわして、城の土蔵に入れてある銭一万五千貫のうちから三千貫を大神宮の上部貞永に渡すよう伝えた。

翌日、使いから戻った成利が、帰城の報告がてら「とはいえ三千貫とは大層な」と漏らすと、信長は「神仏を騙《かた》り私欲を満たさんとする者は許せぬが、神仏を軽んじて民百姓のうらみを買うのもつまらぬ」と言って、厠《かわや》のほうへと姿を消した。数日後、三千貫の銭は岐阜城から長康を経由して、大神宮へと渡った。

めの寄付を募ること。

(5) **奉行**…主君の命を奉じて執行すること、およびその役や人のこと。

(6) **朱印状**…朱印を押して発給された武家文書。基本は民政文書に用いられたが、信長は重要文書にも朱印状を用いていた。

▼武芸の鍛錬

天正十年一月二十七日（1582年2月19日）

織田信忠の小姓たちは、日ごろから主君に近侍《きんじ》して忙しく立ち働きながら、武芸の鍛錬も欠かさない。この日は、馬廻衆とともに鍛錬を行うため、岐阜城の麓にある信忠の館前に五十名ほどの近習たちが集まった。

ふだん、小姓衆と馬廻衆が一緒に、しかもこれほどの人数で鍛錬を行うことは稀《まれ》だ。しかし、家中では大戦《おおいくさ》が近いとの噂もあり、ほぼ全員が実戦さながらに具足《ぐそく》(1)を身にまとい、稽古用の木槍《もくやり》を携《たずさ》えていた。この日の鍛錬には、小姓の毛利岩丸も朋輩《ほうばい》の金森義入や佐々清蔵《さっさせいぞう》、

(1) **具足**…戦国時代の中期以降に多く用いられた甲冑《かっちゅう》の一種で、当世具足《とうせいぐそく》ともいう。鉄砲の玉が貫通しないよう鉄板を用いるなど、従来の甲冑に改良が加えられていた。

加藤辰千代らと加わることになった。

いったん小姓衆と別れた三十名ほどの馬廻衆は、一足先に騎乗のまま、この日の鍛錬場と定めた長良川河畔の馬場へ向かった。城下の人々は、物々しい騎馬武者たちを見て何ごとかと驚きながら急いで道を空けた。

馬場に着いた馬廻衆は、まずは自分たちの体と馬を温めるため早駆けを行い、馬場を二、三往復ほどしたころに、それぞれ騎馬や徒歩《かち》で小姓衆がやってくる。

全員が集まったところで、まずは槍の鍛錬となった。年若い小姓衆は徒歩で二人一組になり、馬廻一騎と手合わせすることとなった。岩丸は加藤辰千代と組んで、馬廻の桜木《さくらぎ》伝七《でんしち》と対峙《たいじ》した。

騎乗の伝七は、木槍を構える岩丸と辰千代を目掛けてまっすぐに駆け寄ってくる。すれ違いざまに伝七の木槍が岩丸の木槍を弾《はじ》いた瞬間、辰千代の木槍が胴丸の上から伝七の胸板を突き、伝七は馬から転げ落ちた。突いた辰千代のほうも、跳ね返った木槍ごと後ろへのけぞり倒れた。落馬した伝七が立ち上がろうとしているのを見て、岩丸は素早く組打ち(2)に入った。

岩丸は伝七に当て身を入れて組み伏せると、腰の帯から木刀を引き抜こうとした。しかし、伝七は木刀をつかんだ岩丸の右腕をとらえて力強くひねったかと思うと、組み敷かれた体勢のまま素早く自分の帯から木刀を抜き、岩丸の喉元に突きつけた。岩丸は「参った」と言い、伝七から体を離した。

槍術《そうじゅつ》の鍛錬のあとは、賭博を兼ねた相撲を行った。中でも年少の辰千代が巨漢の馬廻・伊丹新三《いたみしんぞう》を豪快に投げ飛ばした取組みで、一同は大いに盛り上がった。

(2) **組打ち**…戦場で武士が取っ組み合い、相手を投げ倒して組み敷き、討ち取るための術。柔術に近い。

(3) **囲炉裏**…屋内の床を四角く仕切って火をたき、煮炊きや暖房などに用いた炉。移動式の囲炉裏ともいえる火鉢《ひばち》は当時もあったが、普及したのは江戸時代以降と言われている。

暖かい季節であれば最後に水練をして汗を流すのだが、さすがに一月の長良川は冷たすぎる。それぞれに持ち寄った飯や酒を飲み食いしたあと、屋敷が近い者同士で連れ立って騎馬や徒歩で屋敷に帰った。

岩丸が屋敷に戻ると、安土から石黒彦二郎が訪ねてきていて、岩丸の父・良勝と酒を酌み交わしていた。彦二郎は、信忠に仕える河尻秀隆《かわじりひでたか》のもとへ使いに来て、安土へ帰る途中に立ち寄ったのだという。二人が囲炉裏《いろり》(3)を囲んで談笑しているところへ、下働きの者に任せればいいものを、妹のキクがいそいそと酒肴《しゅこう》を並べている。

屋敷への帰り道、岩丸は庭で半刻（一時間）ほど木刀を振ろうと思っていたのだが、せっかくなので酒の席に加わることにした。久々に毛利家を訪れた彦二郎は、こまごまと立ち働くキクに何かと話しかけていた。

Column ①

織田家の系譜——織田弾正忠家《だんじょうのじょう》

織田信長へと続く織田家のルーツは、越前国《えちぜんのくに》織田荘《おたのしょう》（現・福井県丹生郡《にゅう》越前町《えちぜんちょう》）に現在も鎮座《ちんざ》する劔《つるぎ》神社の神官であったと考えられている。

織田家の祖先である藤原信昌《ふじわらののぶまさ》・将広《ゆきひろ》父子が劔神社の神官だったころに、将広が越前守護職の斯波義将《しばよしまさ》の家臣となり、斯波氏が尾張《おわり》守護職になった際に将弘の息子（異説あり）の常松《じょうしょう》（常昌）が尾張守護代として斯波氏の職務を補佐し、その弟（異説あり）の常竹《じょうちく》（信長の祖先）が守護又代《まただい》として尾張に派遣されたという。

やがて応仁《おうにん》元年に勃発した応仁・文明《ぶんめい》の乱（1467～1477年）の際、斯波家が東西に分かれて対立。これが原因で、織田家も織田伊勢守《いせのかみ》家と織田大和守《やまとのかみ》家に分かれて対立するようになり、やがて尾張の上四郡を織田伊勢守家が、下四郡を織田大和守家が守護代として支配するようになった。

信長は、下四郡の織田大和守家の系統のうち、その直系ではない「三奉行」と呼ばれる三つの分家の末席「織田弾正忠家」に生まれた。

ちなみに、信長は当初、本姓として藤原氏を名乗り、のちに平氏を名乗るようになったが、実際には劔神社の神官と同じ忌部《いんべ》氏の家系だったとの説が有力である。

天正十年（1582年）

二月

―風雲―

「二月」の主な登場人物

- 織田信長
  - 側近
    - 菅屋長頼
    - 堀秀政
    - 下方貞弘
  - 馬廻
    - 青地与右衛門
    - 佐久間兵大夫
    - 大脇伝内
  - 客分
    - 矢代勝介
- 嫡男 織田信忠
  - 家臣
    - 森長可
    - 坪内利定 ― 足軽 ― 喜平
  - 小姓
    - 毛利岩丸
    - 加藤辰千代

- 武田勝頼 ◀ 謀反
  - 重臣
    - 穴山梅雪（謀反）
  - 重臣
    - 木曾義昌（謀反）
  - 領民
    - 孫太郎

※上の図は「二月」に登場する主な人物に絞って掲載しています。上図掲載の人物を含め、本文に登場する人物はすべてp196～205の「登場人物索引兼 人物紹介」にて人物紹介文を掲載（五十音順）していますので、あわせてご参照ください。

※本文下の「注釈」のみで触れた人物については、「登場人物索引 兼 人物紹介」に掲載されていません。

木曾義昌《きそよしまさ》の内通《ないつう》

天正十年二月一日（1582年2月23日）

安土城本丸の御殿《ごてん》の書院で執務していた織田信長《おだのぶなが》のもとに、織田信忠《のぶただ》の命を受けた使者・平野勘右衛門《ひらのかんえもん》が、岐阜《ぎふ》から早馬《はやうま》（1）でやってきた。

少々息を切らせながら信長の前に跪《ひざまず》いた勘右衛門は、信忠から授かった書状を差し出し、東美濃《ひがしみの》の苗木《なえぎ》城（2）主・遠山友忠《とおやまともただ》の調略《ちょうりゃく》（3）により、武田《たけだ》家重臣の木曾義昌が味方に転じたことを一息に述べた。

この報に接して、同じ書院で執務していた菅屋長頼《すがやながより》が思わず立ち上がった。長頼は、この二年ほど武田氏の一

（1）**早馬**…早打ち（急を知らせること）の使者が乗る馬。または、その馬に乗る急使のこと。

（2）**苗木城**…現・岐阜県中津川《なかつがわ》市にあった山城（山の険阻な地形を利用して築かれた城）。遠山氏が築き、代々居城とした。

（3）**調略**…はかりごとをめぐらすこと。策略をめぐらして敵を負かしたり、内通させたりすること。

（4）**久兵衛**…遠山友忠の通称。戦国時代には、元服後の実名である諱《いみな》を口に出すことは禁忌《きんき》とされており、通常、

族や家臣団に対する調略工作に当たっており、織田領の東美濃と国境を接する信州木曾の領主・義昌の内通は、長頼が待ちに待っていた吉報だった。

受け取った書状を読む信長の傍《かたわ》らでは、右筆《ゆうひつ》の武井《たけい》夕《せき》庵《あん》が無言で美濃紙《みのがみ》を広げて硯《すずり》で墨を摺りはじめた。書状を読み終えた信長は「まずは久兵衛《きゅうべえ》（4）の軍勢を出し、伊予守《いよのかみ》（木曾義昌）に人質を出すよう交渉せよ。そのうえで出馬すべし」と命じ、そう言い終わるのとほぼ同時に、夕庵が信長の上意《じょうい》（5）を紙にしたため終えていた。

信長は、今回、調略を成功させた遠山友忠の一族である馬廻《うままわり》の遠山新九郎《しんくろう》を呼び出し、使者を命じた。信長が「火急かつ重要な任務ぞ」と夕庵が記した上意書を自ら手渡すと、新九郎は書状を押し頂いたのち、飛び出すようにして表御殿を出て行った。

人の名を言う際は通称（仮の名）や官職名を用いた。

（5）**上意**…主君の意向や命令。

▼森長可《もりながよし》への使者

天正十年二月二日（１５８２年２月24日）

岐阜城内は慌ただしい雰囲気に包まれていた。武田方から味方に転じた木曾義昌が、織田信長の要請に従って、弟の上松義豊《あげまつよしとよ》を人質として安土に送ったとの知らせが届いたのだ。いよいよ武田家を相手とした大戦《おおいくさ》が始まることは、誰の目にも明らかだった。

噂によると、謀反《むほん》を知った武田勝頼《かつより》・信勝《のぶかつ》父子は、すでに義昌の鎮圧のために新府《しんぷ》城（1）を出陣し、諏訪《すわ》の上《うえ》原《はら》（現・長野県諏訪市内）で出撃態勢を整えているという。しかも、義昌が人質として武田家に差し出していた

（1）**新府城**…武田勝頼が、甲府《こうふ》の躑躅《つつじ》ヶ崎館《さきやかた》（ｐ１０４参照）から本拠を移すために築いた城。現在の韮崎《にらさき》市中《なか》田町《だまち》にあった。築城を開始したのは天正九年（１５８１年）の初めころと言われており、天正十年の二月時点では未完成だった。

（2）**処刑されたとの噂**…木曾義昌は、当時七十歳の母と十三歳の嫡男・千太郎《せんたろう》、十七歳の長女（妹との説も）岩姫《いわひめ》を武田家へ人質に出していたという。実際には、この時期に三人はまだ処刑されておらず、この年の三月

母と二人の子は、すでに処刑されたとの噂(2)もある。

織田信忠の近臣《きんしん》である下方貞弘《しもかたさだひろ》は、馬を走らせて岐阜城から十里ほど東にある兼山《かねやま》城(3)に向かっていた。信忠から、森長可に岐阜城へ出仕するよう伝えることを命じられたのだ。平時であれば若党《わかとう》などを使いに立てれば足りるのだが、わざわざ奉行《ぶぎょう》(4)まで務める貞弘を使いに出したのは、極めて重要な内容だからである。

城内にある長可の屋敷前に着いた貞弘は、驚いた。すでに長可が馬を用意し、供の者を従えて屋敷前で待っていたのだ。長可は、貞弘を見つけると「下方殿。ご苦労でござった」と言って、ニヤリと笑った。

貞弘が「此度《こたび》の戦の先陣《せんじん》は、森殿のようでござる。まずは岐阜城へご出仕いただきたい」と告げると、長可は「あいわかった」と返し、さっそく馬を走らせた。


に新府城で処刑されたようだ。

(3) **兼山城**…現在の岐阜県可児《かに》市にある山城。金山城、烏峰《うほう》城(烏ケ峰《からすがみね》城)とも呼ばれる。天正十年二月時点での城主は森長可。

(4) **奉行**…主君の命令を奉じて各種の事柄を実行すること。および、その任に当たる人。なお、信忠が下方貞弘を麻の調達の奉行に任じていたことを示す書状が残されている。

▼村人たちの寄合《よりあい》

天正十年二月三日（1582年2月25日）

この日、飯島郷《いいじまごう》（現・長野県上伊那郡《かみいな》飯島町《いいじままち》）では村の鎮守《ちんじゅ》(1)で内々に寄合(2)を持つことになっていた。孫太郎《まごたろう》は、粟《あわ》の雑炊で夕食を済ませると、女房のミネとともに家を出た。ミネは、まだ二歳(3)になったばかりのカヨを背負っている。寄合には各戸一名が来ればよいとのことだったが、村が戦に巻き込まれるとなれば家の者全員の命にかかわる。だから寄合に出る、といって聞かないミネを連れてきたのだ。

鎮守の境内に着くと、やはりミネと同じく心配なのか、

(1) **鎮守**…特定の地域や土地を守護するために祀《まつ》られた神。その神を祀る社（鎮守社）。

(2) **寄合**…村落などで人々が集まること。または集会して決議すること。

(3) **二歳**…数え年。満年齢は〇～一歳。

(4) **兵具**…刀や槍、弓矢などの戦に用いる道具のこと。

(5) **名主**…名田《みょうでん》（名主が管理する田地）を所有し、課せられた年貢や公事《くじ》（年貢以外の雑税・夫役など）の納入責任を負った農業経営者。多くは農村で指導的役割を担っていた。

村の他の女たちも半分以上が顔を出していた。男たちの中には、急な出来事に備えて兵具《ひょうぐ》（4）を携《たずさ》えている者も多い。村人たちは皆、一様に沈んだ顔をしていた。

ほぼ全員が出そろったと見て、名主《みょうしゅ》（5）の飯島彦一《いいじまひこいち》が咳払いをしたので、村の者たちは顔を上げた。彦一はしばらく言葉を発するのをためらったあと、押し殺したような声で「今のお館《やかた》さまでは、織田には敵わんと思う」と切り出した。それを聞いた村の者たちは、黙り込んで再び顔を下に向けてしまった。

戦に負けた場合、むごたらしい目に遭《あ》うのは武士だけではない。もし織田軍が攻め入ってくれば、百姓たちは乱取《らんど》り（6）されるだろう。敵の足軽たちに村の食料も金品も奪われ、女たちは襲われ、男女を問わず奴隷として売り払われる（7）かもしれない。

（6）**乱取り**…戦場となった土地で、兵士が敵方の人や物品を略奪すること。乱取りを行う際、敵領の民家に火を放つことも多かった。

（7）**奴隷として売り払われる**…乱取りの際には、人身売買や身代金を目的とした子どもや女性の生け捕り、暴行なども行われていた。

彦一は続けて、「かといって、織田に差し出す銭もねえ(8)」というと、数人が力なくうなずいた。

武田領の百姓たちは、勝頼が拠点を甲府《こうふ》から韮崎に移して新府城を築いたことで、重い税(9)にあえいでいた。しかも、築城のための人夫として春から秋にかけて若い男衆を差し出した家では、満足に田畑の世話ができず、自分たちが食べる分さえ満足にないありさまだった。

すると、村の男の一人が「山に逃げるしかねえ」と、諦《あきら》めたように呟《つぶや》いたが、それを聞いた別の男が「山に逃げても殺される(10)らしいで」と反論した。

このやりとりを聞いていたミネは、「金は出せねえし、山に逃げても殺されるなら、村を捨てるか、わしらから降《くだ》って情けをかけてもらうしかねえ」と、背中でぐずるカヨをあやしながら言った。それを聞いた村人のほとん

(8) **差し出す銭もねえ**…領主が戦に負けると見込んだ場合に、領民たちが敵軍に金を送って村の安全（乱取りの禁制など）を求めることも多かった。

(9) **重い税**…武田勝頼は、新府城築城のために家臣や国衆、領民などに重税を課していた。この重税が、武田家の急激な求心力低下の一因になったとも言われている。

(10) **山に逃げても殺される**…『信長公記』によると、天正六年（1578年）、謀反した荒木村重《あらきむらしげ》の鎮圧のために織田信長が有岡《ありおか》城（兵庫県伊丹《いたみ》市）を攻めた際、信長は無断で甲山《かぶとやま》（兵庫県西宮《にしのみや》市）に逃げ込んだ農民を探索させ、見つけた者たちを処刑したという。

(11) **先代のお館さま**…武田信玄《たけだしんげん》のこと。

どは、自分たちから織田軍に投降しようという意見に傾《かたむ》いていった。

しかし、それに村の長老の一人である又八《またはち》が異議を唱えた。これまで先代のお館さま(11)に世話になってきたのに、戦に負けそうだからとふらふら敵方になびくのは納得がいかないと言うのである。かつて武田軍の雑兵《ぞうひょう》として戦にも参加したことのある又八は、戦わずして降るのが悔しいのだろう。しかし、村の者たちの意見はすでに固まっていた。万が一にも又八が領主に告げ口することがないよう、数人の男たちが又八を押さえ込んで縄で縛り上げ、しばらく幽閉することになった。

寄合が終わると、又八の息子の助一《すけいち》は泣きながら「父ちゃん、堪忍してな」と言って、上半身を縛られ憔悴《しょうすい》した父親を引っ張り家へと連れ帰っていった。

▼先発隊の出陣

天正十年二月三日（1582年2月25日）

森長可は、織田信忠側近の団忠正《だんただまさ》とともに武田氏攻略の先陣として尾張《おわり》と美濃の軍勢の一部を率い、兼山城より木曾・岩村《いわむら》方面へと出陣しようとしていた。

先発隊の軍勢は五千人ほどで、進軍するうちに他の城の者たちも合流し、一万人ほどになる予定だ。先発隊の使命は、信忠率いる本隊が追いつくまでの間、武田家中に揺さぶりをかけつつ、敵領内の様子をさぐることだった。兼山城下に将兵を鼓舞《こぶ》する陣太鼓《じんだいこ》（1）の音が響き渡る中、森長可を総大将とする軍勢が進軍していった。

（1）**陣太鼓**…軍勢の士気を高めたり、戦場で進退を指示したりするために打った太鼓。

（2）**先手**…進軍の際に先頭に立つ軍勢。先陣ともいう。

（3）**侍大将**…主に総大将のもとで一軍を指揮する者。

（4）**百段**…森長可が所有していたと伝わる名馬。百段の石段を一気に駆け上ることができたため、この名が付いたという。

（5）**旗持ち**…戦陣などで旗を持つ役のこと。旗は軍の象徴であるため、敵前

先手《さきて》(2)の鉄砲足軽や弓足軽、長槍足軽らが侍大将(3)に率いられて行軍していったのち、騎馬武者が続き、さらに鉄砲衆や弓衆、長槍衆が続いた。そのあとを、甲冑《かっちゅう》を身にまとい名馬・百段《ひゃくだん》(4)に騎乗した森長可が近習たちを従え、前後を旗持ち(5)や使い番らに囲まれて進む。そして軍列の最後には車や馬の背に大量の兵糧や弾薬を積んだ小荷駄隊《こにだ》(6)が続き、そのあとに岐阜からやってきた忠正の一軍が続いた。

信忠の命を受け、岐阜から兼山城まで来ていた加藤辰《かとうたつ》千代《ちよ》は、長可の出陣を見届けたのち、馬を走らせて岐阜城に戻った。この年、十六歳(7)になった辰千代も近々、主君の信忠に従って初陣《ういじん》することになる。勇壮な行軍を見て武者震いが止まらなくなった辰千代は、報告のため信忠のもとに戻る前に、城の井戸で水をかぶった。

逃亡は禁じられていた。

(6)**小荷駄隊**…兵糧や弾薬を運ぶための部隊。隊列の最後尾に従うことが多かった。

(7)**十六歳**…数え年。満年齢では14~15歳。

▼馬の調教

天正十年二月六日（1582年2月28日）

青地与右衛門《あおちよえもん》は、厩番の者たちに手綱を引かせて、安土城の厩で飼われている馬の調教に出かけた。出陣が近いため、主君の乗る馬を選ぼうというのだ。馬廻の佐久《さく》間《ま》兵大夫《へいだゆう》と客分の馬術家・矢代勝介《やしろしょうすけ》も、調教を手伝うため同行していた。三人は城内の馬場に着くと、代わる代わる信長の愛馬に跨って調子を確かめた。日ごろの調教のおかげか、どの馬も荒ぶることなく快調である。

もう少し馬を走らせたいと考えた与右衛門は、とくに調子の良い佐目毛《さめげ》の馬（1）と星河原毛《ほしかわらげ》の馬（2）、遠江《とおとうみ》産

（1）**佐目毛の馬**…やや赤みがかった象牙《ぞうげ》色の馬。

（2）**星河原毛の馬**…明るい黄褐色（河原毛）に白い斑点を持つ馬。常陸《ひたち》より献上された骨太の悍馬《かんば》（気の荒い馬）で、三十里の走破にも耐えるとされた。

（3）**遠江産の鹿毛**…鹿毛は、毛色が茶褐色の馬のこと。『信長公記』には、やばかげや奥州産の駮の馬（いずれも29ページ参照）とともに「信長秘蔵の馬」と記されている。

（4）**伊崎山**…近江八幡《おうみはちまん》市の最北東部に位

の鹿毛《かげ》(3)の三頭を選んで、伊崎山《いさきやま》(4)に行くことにした。山道を走らせることで、馬の調子を見極めたいと考えたのだ。また、たまには馬を城外に連れ出すことで、戦に備えさせたいという思惑もあった。そこで、兵大夫は佐目毛の馬、勝介は星河原毛の馬、そして与右衛門は鹿毛の馬に跨って、城から伊崎山へと馬を歩ませた。

伊崎山の麓に着くと、まずは兵大夫が、次に勝介が山道を駆け上がっていった。与右衛門は、山道を上っているとは思えぬ軽さで駆けていく二騎をしばらく眺《なが》めたあと、鹿毛の馬の腹を軽く蹴った。すると鹿毛の馬は前の二頭よりもさらに軽快に山道を駆け上がり、山頂近くの幅広くなった道で前を走る二頭を抜き去った。三人は山を下りて伊崎寺《いさきじ》の本尊に手を合わせたのち、それぞれ馬の手綱を引きながら眼下に広がる琵琶湖《びわこ》を眺めた。

置する、琵琶湖西岸に突き出したようにそびえる山。山麓北側には、棹《さお》飛《と》び（棹の先端から琵琶湖へ飛び降りる行事）で有名な伊崎寺がある。

▼兵糧《ひょうろう》の手配

天正十年二月九日（1582年3月3日）

岐阜に来ていた生駒《いこま》家長《いえなが》は、織田信忠の屋敷を辞したあと、岐阜城下の大脇《おおわき》伝内《でんない》の屋敷を訪れた。家長は、伝内と同じく商《あきな》いをしながら織田家に馬廻として仕える武士で、越前《えちぜん》攻め（1）の際には、身を挺《てい》して敵の槍から信長を守ったとの逸話がある武辺者《ぶへんもの》でもある。

伝内は、信長側近で軍《いくさ》奉行を務める堀秀政《ほりひでまさ》から、武田攻めに要する兵糧の手配について指示を受けていたため、商人でもある家長に相談を持ちかけたのだ。

当面の兵糧や武器の手配に問題はないが、戦が長引い

（1）**越前攻め**…元亀《げんき》元年（1570年）、織田信長が上洛《じょうらく》命令を無視した越前の大名・朝倉義景《あさくらよしかげ》を討つため、越前に侵攻した戦い。

（2）**鉛や火薬**…当時、鉄砲を用いた戦に不可欠なのが鉛と硝石《しょうせき》（火薬の原料）だった。信長はイエズス会を通じて海外産の鉛と硝石を大量に確保し、堺の商人を経由して手に入れていたという。

（3）**兄の墓**…『信長公記』には、天正七年（1579年）五月に安土宗論《しゅうろん》（法華宗と浄土宗による教義論争）が行

た場合には不足する恐れがある。そうなった場合、この岐阜の屋敷のほか安土の琵琶湖畔にも拠点を持つ伝内は、水運を活かして堺《さかい》から鉛や火薬(2)を大量に手配することができる。一方、尾張の小折《こおり》村(現・愛知県江南《こうなん》市)を拠点とする家長は、同じく商人でありながら織田家に仕える、清須《きよす》の伊藤惣十郎《いとうそうじゅうろう》や熱田《あつた》の加藤順政《よりまさ》などとも話し合い、兵糧などの物資を大量に買い付ける準備を整えていた。二人はこの日、それら物資の振り分けや輸送の手はずについて話し合った。

翌日の夕方、安土に戻った伝内は堀秀政の屋敷を訪れ、武田攻めに要する武器や兵糧についての目録《もくろく》を手渡し、長期戦となった場合の物資の手配について報告した。屋敷を辞した伝内は、琵琶湖畔にある兄の墓(3)を久々に訪れたのち、自分の屋敷に戻った。

われ、その騒動の発端《ほったん》となった大脇伝助《でんすけ》なる「塩売の身」の人物が処刑されたとの記述がある。谷口克広著『織田信長家臣人名辞典』では、この伝助なる人物を大脇伝内の近親者であろうと推測している。

鉄砲の調練

天正十年二月十日（1582年3月4日）

辰《たつ》の刻（午前八時前後）ころ、鉄砲足軽の喜平《きへい》は松倉《まつくら》城(1)に向かっていた。木曽《きそ》川沿いにある松倉城は、織田家に仕える坪内利定《つぼうちとしさだ》の居城で、坪内家は織田家中でも指折りの鉄砲衆を率いていた。

城内にある利定の屋敷前には、調練のための具足《ぐそく》と鉄砲を受け取ろうと、喜平と同じ鉄砲足軽たち百人あまりが集まっていた。

貸し出された具足を身につけ、鉄砲を抱えた足軽たちは、騎乗して先をゆく利定を徒歩で追いかけて木曽川沿

(1) **松倉城**…岐阜県各務原《かかみがはら》市にあった平城。城主の坪内氏は、蜂須賀小六《はちすかころく》（正勝《まさかつ》）ら川並衆《かわなみしゅう》（木曽川沿いに勢力を持つ土豪の総称）のまとめ役だった。

いの調練場へと向かった。坪内家も従軍する織田信忠軍の出陣は、明後日に迫っている。そのためか、足軽たちはいつもより神妙な面持《おもも》ちで口数も少ない。

調練場に着くと、まずは鉄砲に火薬と玉を込めずに撃ち方の練習を繰り返した。ふだんの調練では、玉や火薬を無駄にしないよう、こうした調練が中心である。しかし、戦を間近に控えているため、この日は玉と火薬を込めた実射の調練を普段より多めに行うことになった。

実戦では、撃ち手と玉込めは分業することが多い。しかし、鉄砲足軽にはどちらの技術も求められるため、まずは全員がすべての手順を行うことになった。

足軽たちは火打ち石を打ち始め、最初に縄に火をつけた数人が、他の足軽たちの縄に火を分けていった。

まずは三人一組ずつになり、撃ち方の速さを競うことになった。一番手となった喜平は、利定の「始め！」という合図とともに急いで銃口に火薬を流し込んで玉を込めると、朔杖《さくじょう》（玉込め棒）で火薬と玉を銃身の奥へ押し込んだ。

次に胴丸《どうまる》の肩上《わたがみ》(2)に下げた口薬《くちぐすり》(3)入れから火皿《ひざら》(4)に口薬を入れ、火薬が湿らないよう火蓋《ひぶた》(5)を閉めると、着火していた火縄を火鋏《ひばさみ》(6)に挟んだ。これでほぼ準備は整った。

火蓋を外した喜平は、五十間《けん》（約90m）ほど離れた河畔に立てられた藁束《わらたば》に狙いを定め、ゆっくりと引き金を引いた。直後に一瞬藁束が激しく揺れ、うっすらと白煙を上げた。喜平の両脇で鉄砲を構えた二人の足軽も、立て続けに火薬がはぜる音を響かせたが、喜平が揺らした藁束の両隣のそれらは動かず、後方にかすかに砂煙が上

(2) **肩上**…鎧や具足の胴を肩につるための肩紐のような装置。

(3) **口薬**…火縄から着火するために、火皿に入れる点火薬。

(4) **火皿**…玉を発射させるための点火薬を入れる皿。

(5) **火蓋**…火縄銃の火薬を盛る火皿の口をおおう蓋。

(6) **火鋏**…火縄を挟む装置で、引金を引くと火皿に落ちて点火する。

(7) **貸出を受けた具足**…足軽などの下級兵士には、戦に際して雇い主が具足を貸し出すことが多く、「お貸し」「番具足」などと呼ばれた。具足は胴、籠手《こて》、脛当《すねあて》などからなり、頭には陣《じん》笠《がさ》を被ることが多かった。

がった。

そのあとは二十人ずつ、玉込め役と撃ち手に分かれて一斉射撃の練習を半刻《はんとき》（一時間）ほど行い、この日の調練は終わった。

足軽たちが利定の屋敷に戻ると、縁側には人数分の飯が用意されており、兵糧の足しにと米が入った袋まで置かれていた。配下の足軽たちのために、利定が手弁当で用意してくれたもののようだ。利定は「好きに食って帰れ」と言って、自分の屋敷の中へ入っていってしまった。喜平は鉄砲を利定の屋敷に仕える小者に返したあと、縁側で飲み食いを楽しんだ。

この日は、戦が近いということで、足軽たちは貸出を受けた具足(7)を家に持ち帰ることになった。喜平が妻子の待つ家へ帰るころには、夕日が空を染めていた。

▼出陣の朝

天正十年二月十二日（1582年3月6日）

出陣の日、いつもよりかなり早い丑《うし》の刻（午前二時前後）ころに起き出した加藤辰千代は、厠《かわや》で用を足したあと、盥《たらい》と手ぬぐいを手にして、手綱《たづな》(1)に草履をはいただけの姿で庭の井戸に向かった。

井戸から汲んだ水を盥に溜《た》めて、髷《まげ》を解き、頭から水をかぶり念入りに身を清めた辰千代は、体を拭《ぬぐ》って屋敷に戻ると新しい手綱を締め、その上に小袖を着た。

台所では、母のキヨが朝飯の用意をしてくれているようだ。キヨは、熱田の豪商にして織田家に仕える武士で

(1) **手綱**…ふんどしの一種。室町時代から江戸時代初期にかけて用いられた語。

(2) **瓦灯**…灯火をともす陶製の照明器具。屋根瓦と同じ土で作られることが多かったため、この名が付いた。

(3) **母と二人で**…当時、戦の前には女性を遠ざける習慣があった（77ページ参照）とされるが、辰千代のように若年のうえ母と二人暮らしの場合は、例外もあっただろう。

(4) **具足下**…具足の下に着る上衣《うわぎぬ》と下衣《したごろも》からなる衣服。上衣は短めの筒袖、

もある辰千代の父・加藤順政《よりまさ》の側妻《そばめ》で、二年前に辰千代が信忠の小姓として召し抱えられて以来、この岐阜城下で、小者も置かず二人で暮らしていた。

座敷で四半刻《しはんとき》足らず（三十分弱）座禅を組んだあと、辰千代は居間に行きキヨが用意してくれた膳の前に座り、瓦灯《かとう》(2)のわずかな明かりのもと、母と二人で(3)早めの朝飯を食べた。まだ外は暗いが、朝は近い。辰千代は具足を身につけることにした。

小袖を脱いで具足下《ぐそくした》(4)に着替えた辰千代は、玄関に行くと上がり框《かまち》に座って足袋《たび》(5)をはき、脚絆《きゃはん》(6)と脛《すね》当《あて》(7)をつけて草履《ぞうり》をはいた。立ち上がって母が渡してくれた佩楯《はいだて》(8)を腰につけ、両手に籠手(9)をつけて満《まん》智羅《ちら》(10)を着た辰千代は、手伝ってくれている母をいたわり「少し休もう」と言った。するとキヨは目を合わせ

下衣は小袴や裁付《たっつけ》袴、股引《ももひき》などを用いた。素材は麻を使用することが多かった。

(5) **足袋**…木綿のほか、革の足袋も用いられた。

(6) **脚絆**…すねの保護や防寒のためにつける脚衣《あしごろも》。脛巾《はばき》ともいう。素材は麻や木綿を用いた。

(7) **脛当**…すねを守るための防具。当時は鉄板をつないだものが多かった。

(8) **佩楯**…大腿部を守るための防具。膝《ひざ》鎧《よろい》ともいう。

(9) **籠手**…腕や手の甲を守るための防具。布に鉄の鎖や金具を付けて仕立てた。

(10) **満智羅**…胴の下に着用する鎖帷子《くさりかたびら》のような防具で、喉や肩、脇などを防御した。

ることもなく、黙って厠のほうへ行った。

　悲しげな様子などおくびにも出さず、出陣の準備を手伝っていたキヨだが、辰千代は体が大きいとはいえまだ元服前である。これから我が子が戦に行くと思うと、自分がどんな表情を浮かべてしまうかを恐れ、息子の顔を見ることができなかったのだろう。しばらくするとキヨが戻ってきたが、辰千代は母と何を話せばよいかわからず、戦に向かう準備を続けることにした。

　胴⑪を付けて引合緒《ひきあわせのお》⑫を調整し、胴先緒《どうさきのお》⑬を結んで上帯《うわおび》⑭を締めたあと、太刀《たち》を佩《は》いて小刀《しょうとう》を帯に差した。そして烏帽子《えぼし》を被り鉢巻《はちま》きを結ぶと、面頬《めんぼお》⑮をつけ、最後に兜を被って緒を締めた。

　屋敷を出る前に面頬や兜まで纏《まと》う必要はなかったが、辰千代は、キヨに自分の武者姿を見せておこうと思った

⑪ **胴**…肩から腰までの上半身を守る防具。鉄砲玉を防ぐため鉄板で作るのが当時の主流で、板の数により「二枚胴」と「五枚胴」と呼ばれるものが一般的だった。

⑫ **引合緒**…胴の着脱のために開く部分を合わせて留めるための紐。胴の右側の合わせ目にある。

⑬ **胴先緒**…胴を締めて結ぶために、胴の裾《すそ》に付けられた紐。

⑭ **上帯**…胴と草摺《くさずり》（胴の下に垂らして大腿部を守る付属具）の接合部に巻いて、肩に掛かる胴の重さを軽減させるための帯。繰締緒《くりじめのお》ともいう。

⑮ **面頬**…顔と喉を守るための防具。文字通り面のような形をしており、顔の下半分に付ける仕様のものが多い。

⑯ **陣触**…出陣の命令のこと。太鼓や鉦を鳴らして城の近くにいる兵を招集した。

のだ。玄関に立つ辰千代を、キヨは座りながら無言で見つめていた。

しばらくすると、父が辰千代の初陣《ういじん》のためにと熱田から差し向けた従者の惣兵衛《そうべえ》が、玄関前まで馬を引いてくる音が聞こえたので、辰千代はキヨに顔を向けて小さくうなずいた。玄関を出た辰千代は、惣兵衛が門前に繋《つな》げておいた愛馬の首筋を軽く叩き、その背に跨ってゆっくりと歩かせた。その後ろに、兵糧や荷物を積んだ馬を引いて惣兵衛が従った。その背中が見えなくなっても、キヨはしばらく辰千代が姿を消した方向を見ていた。

まだ夜は明け切っておらず、城へ向かうには早い。辰千代は岐阜城下の伊奈波大明神《いなばだいみょうじん》へ馬を向け、惣兵衛とともに戦勝を祈願した。やがて岐阜城の方角から、陣触《じんぶれ》
(16)の太鼓や鉦《かね》の音が聞こえてきた。

▼信忠の出陣

天正十年二月十三日（1582年3月7日）

辰の刻（午前八時前後）ころ、岐阜城下には陣触の太鼓や鉦の音が鳴り響いていた。城内の織田信忠の屋敷の外には、鉄砲や槍、弓を持った一万を超す足軽たちや小荷駄隊が列をなしている。

下方貞弘は、信忠の屋敷の庭にいた。目の前には毛利《もうり》長秀《ながひで》、河尻秀隆《かわじりひでたか》、関加平次《せきかへいじ》、津田元嘉《つだもとよし》（織田元秀《もとひで》）、桑原助六郎《くわばらすけろくろう》、平野新左衛門《ひらのしんざえもん》といった信忠の近臣たち三十人ほどが、それぞれ具足姿で控えている。中には、北伊勢から兵を率いてやってきた滝川一益《たきがわかずます》の姿もあった。

（1）**長篠の戦い**…天正三年（1575年）に行われた織田信長・徳川家康《とくがわいえやす》連合軍と武田勝頼との合戦。この合戦で信長は鉄砲を三段に構えて一斉射撃を行い、騎馬隊中心の武田軍を破ったと伝えられているが、現在、この「三段撃ち」の信憑性については疑問視されている。

（2）**改易**…罪科などを理由に所領や役職などを取り上げること。

（3）**精進潔斎**…酒や肉を断って心身を清めること。出陣前の三日間はこの精進潔斎を行い、沐浴《もくよく》を行って身を清

そこへ、鎌田五左衛門《かまたござえもん》がやってきた。五左衛門はもともと織田信長の馬廻だったが、長篠《ながしの》の戦い（1）で軍令違反を犯したため改易《かいえき》（2）され牢人《ろうにん》となっていたところを、信忠がその力量を惜しんで召し抱えた男である。信忠が父の意向に逆らってまで求めた人物だけに、家中でもその武勇は一目置かれていた。

しかし、この日の五左衛門は少し様子がおかしかった。顔が赤みがかっており、吐く息もいささか臭いようだ。昨晩、深酒をしたのだろう。

他の信忠の近習たちは皆、出陣の数日前から精進潔斎《しょうじんけっさい》（3）し、この日に臨《のぞ》んでいる。貞弘は五左衛門に近づき、竹筒《たけづつ》に入れた水を渡して注意を促《うなが》した。五左衛門も、貞弘の意図を察して末席に移動した。出陣前の信忠に不快な思いをさせないための、せめてもの配慮である。

めた。また、身が汚れるとして、戦の前には女性を遠ざけたという。

そこへ信忠が、山口小弁《やまぐちこべん》、毛利岩丸《いわまる》、金森義入《かなもりぎにゅう》、佐々清蔵《さっさせいぞう》、加藤辰千代など、今回の武田攻めに従う十人ほどの小姓たちを引き連れて現れた。

信忠が庭に据《す》えられた床几《しょうぎ》(4)に腰を下ろすと、すぐに酒が運ばれ、三種の肴と三枚の盃(5)を載せた折敷《おしき》(6)が用意された。

信忠は、三種の肴を打鮑《うちあわび》、勝栗《かちぐり》、昆布の順につまみ、それぞれの肴を食すごとに、山口小弁が盃に酒を満たして、三回ずつあおった(7)。そして、父・信長が桶狭間《おけはざま》の戦の前に戦勝祈願した熱田大明神に祈りを捧げ、小姓から受け取った扇を右手に掲げると、弓を左手に持ち「えい、えい」と鬨《とき》の声(8)を上げた。

一回目の鬨の声には屋敷の門内と門前にいた近習や兵士たちが「おう」と応じ、二回目には屋敷周辺の兵士た

(4) **床几**…主に戸外で用いる折り畳み式の腰掛。

(5) **三枚の盃**…出陣式で行われる式三献の際には大中小の三枚の盃が用意され、一つの肴をつまむごとに盃を三回あおる「三々九度」で縁起を担いだ。

(6) **折敷**…食器や盃などを載せる木製の四角い盆。

(7) **三回ずつあおった**…映画やドラマの時代劇では、三献の儀の最後に盃を割る演出が定番だが、実際にはそのような不吉なことはしていなかったという説もある。

(8) **鬨の声**…士気を鼓舞するために、大勢で一緒に叫ぶ声。大将が「えい、えい」と発声し、全軍が「おう」と声を上げて和し、これを三度繰り返した。

ちも呼応し、三回目には出陣するおよそ一万の兵すべてが声を上げ、鬨の声が城下の隅々まで響き渡った。この信忠および滝川一益の軍勢には、行軍するうちに他の美濃衆や尾張衆が加わっていき、森長可らが率いる先発隊と合流した時には、およそ三万になる予定である。

出陣式を終えると、信忠は厩番が手綱を引いていた愛馬にすばやく飛び乗った。それを見た近習たちも、急いで屋敷の門の近くに繋げていた自分の馬のところへと走り、馬に跨るとそれぞれの持ち場に移動した。

いよいよ出陣である。毛利岩丸が信忠に付き従うかたちで馬を歩ませていると、沿道に進軍を見送る父・良勝《よしかつ》の姿があった。良勝も後日、信長が率いる後発隊に従って安土から出陣する予定である。父と子は、目を見合わせると互いに小さく頷《うなず》いた。

▼浅間山の噴火

天正十年二月十四日（1582年3月8日）

この日の夜、信濃（現・長野県）や上野《こうずけ》（現・群馬県）を中心に地鳴りが響き渡り、突然、空が赤く染まった。浅間山が四十八年ぶりに大噴火（1）したのである。噴火の知らせを受けた織田信長が安土城天主の最上階に駆け上がると、東の夜空に噴き上がる火柱が小さく見えた。

古来、浅間山の噴火は東国に異変が起こる予兆とされてきた。武田領内の夜空を真っ赤に染める天変地異を見て、武田家滅亡の兆《きざし》ととらえた信長は「大吉事《だいきちじ》じゃ」と喜んだ。

（1）**大噴火**…この浅間山噴火による火柱は、京都や奈良、さらには九州の豊後《ぶんご》（現・大分県）でも確認されたという記録がある。

（2）**飯田城**…現在の長野県飯田市にあった平山城（低い山や丘とその周囲の平地を利用して築かれた城）で、長姫《おさひめ》城とも呼ばれた。13世紀初頭、飯田郷の地頭であった坂西氏によって築かれた。

（3）**物見**…敵や敵地の情勢などを探ること。また、その役を任じられた者。

（4）**干し飯**…蒸した米を天日で乾燥させ

この噴火を武田家にとって不吉な予兆ととらえたのは、信長だけではなかった。

同じころ、織田軍先陣の森長可と団忠正の軍は、武田方の坂西織部《ばんざいおりべ》と保科正直《ほしなまさなお》が立て籠もる飯田《いいだ》城（2）を包囲していた。丑の刻（午前二時前後）ころ、陣中で仮眠を取っていた森長可のもとに物見《ものみ》（3）が駆けつけ、城内の敵の様子がおかしいことを告げた。長可が城のほうを眺めると、城の中で動き回る松明《たいまつ》の炎が見える。天変地異に動揺した敵が、城からの退却を図っているのだろう。

長可は、団忠正のもとに使いを走らせた。具足を身につけた長可が立ったまま干し飯《いい》（4）をかじっていると、知らせを聞いた騎馬武者や足軽たちが集まってきた。長可は十分な頭数が揃ったころを見計らって出撃の号令をかけ、自らも騎乗して飯田城に押し寄せた（5）。

た保存食。そのまま食べたり、湯や水で戻して食べたりした。糒《ほしいい》とも書く。

（5）**飯田城に押し寄せた**…『信長公記』によると、このあと森長可の軍は三里（12㎞）ほど敵を追撃し、市田《いちだ》（現・下伊那《しもいな》郡高森町《たかもりまち》）で逃げ遅れた者を十騎ほど討ち取ったという。

▼信忠軍の進撃

天正十年二月十七日（1582年3月11日）

二月十四日に先陣の森長可と団忠正が飯田城を包囲する前のこと、武田方の松尾《まつお》城（1）の城主である小笠原信《おがさわらのぶ》嶺《みね》は自ら織田方に味方すると申し出て、織田軍の進軍の案内役を務めることになった。さらに飯田城に詰めていた坂西織部と保科正直が城を捨てて逃げてしまったため、武田方はほとんど戦わずして城を失っていった。

十六日には、木曾義昌と遠山友忠の軍が、織田信長が差し向けた織田長益《ながます》らの援軍とともに鳥居《とりい》峠（2）で武田方の高遠《たかとお》城代・今福昌和《いまふくまさかず》らが率いる三千余の軍勢を破り、

（1）**松尾城**…現在の長野県飯田市にあった平山城。松尾小笠原氏の居城で、南北朝時代の築城とも伝わる。

（2）**鳥居峠**…長野県の塩尻《しおじり》市奈良井《ならい》と木《き》祖《そ》村藪原《やぶはら》を結ぶ峠。近世には中山道《なかせんどう》の難所として知られた。

（3）**深志城**…現在の長野県松本《まつもと》市にあった平城。現在は国宝に指定されている松本城の古称。

（4）**大島城**…現在の長野県松川町《まつかわまち》にあった平山城。武田信玄が二回の大改修を行った要害としても知られる。

（5）**後詰**…救援のため後ろに控える軍勢。

峠を確保して深志《ふかし》城（3）に籠もる敵将・馬場昌房《ばばまさふさ》と対峙《たいじ》しようとしていた。

そして十七日、織田信忠が率いる本隊が飯田城に入り、先陣の長可・忠正の軍と合流した。次に攻めるのは、飯田城の北東三里（12㎞）ほどに位置する要衝・大島《おおしま》城（4）である。この城には、城主の日向宗栄《ひなたむねひで》に加えて、武田信玄の弟である武田信廉《のぶかど》や、武田勝頼側近の小原継忠《おはらつぐただ》らが詰めている。もし、勝頼が率いる本隊が後詰《ごづめ》（5）に入れば、いよいよ決戦になるであろう。

ところが、信忠の軍勢が大島城に近づいていくと城は大混乱に陥《おちい》り、武田方の将兵は皆、逃げ散ってしまった。あっけなく大島城に入城した信忠は、城に河尻秀隆と毛利長秀を留め置き、森長可、団忠正、小笠原信嶺に先陣を命じて、さらに北方の飯島《いいじま》へと進撃させた。

または援軍や救援行動のこと。

▼投降する村人たち

天正十年二月十七日（1582年3月11日）

日が沈みかけたころ、集落の裏の小山で街道を見張っていた村の少年・藤二郎《とうじろう》が走って帰ると、織田軍が近づいてきていることを家々に伝えてまわった。

孫太郎は、竈《かま》で燃やしておいた薪を手に取ると、赤子を抱いている女房のミネに「火ぃつけるぞ」と言って家の外に出るよう促し、座敷の柱に立てかけるように積んでおいた藁束に、燃える薪を突っ込んだ。

しばらく煙を上らせたのち、パチパチと音を立てて燃え始めた藁を見た孫太郎は、自分も急いで家の外に出た。

(1) **集落**…戦国時代には、集落と耕地が小さな領域でひとまとまりになった、近世以降に見られる村の形がほぼ整っており、村落を単位とした共同体として機能していた。

集落（1）の他の家を見渡すと、どの家も孫太郎の家と同じように煙を出し始めており、中にはすでに半焼している家もあった。よその家では、それを見て泣いている赤ん坊や子どももいる。ミネが腕に抱くカヨも、燃えていく家々を見て不思議そうな顔をしていた。

村の者たちは名主《みょうしゅ》の飯島彦一《いいじまひこいち》を先頭にして、村を縦断する街道を南へ歩いて行った。すると前方に、織田軍の先頭を行く足軽たちの姿が見えてきたので、村人たちは恭順の意を示すために膝をついて頭《こうべ》を垂れた。

すると馬に乗った武士が、蹄の音を立てて村の者たちのほうへやってきた。村から上がる煙を見て、何ごとかと見定めに来たのだろう。武士が目の前で馬を下りた瞬間、彦一は地面に頭をこすりつけて「わしらは織田様のお味方です。その証《あかし》として、村の家々に火をつけもうした」と訴えた。村の者たちも彦一に倣《なら》い、一斉に頭を地面にこすりつけている。すると武士は「わかった。悪いようにはせぬので待っておれ」と言って、再び騎乗して軍列の後方へと馬を走らせていった。

村の者たちがそのままひれ伏していると、今度は別の武士が馬に乗ってやってきて、「家を焼いては生きるのにも困るであろう」と細い縄に通した永楽銭《えいらくせん》(2)を一束投げ渡し、「訳合《わけあ》いを聞くので、あとからついてまいれ」と言った。彦一は「かたじけのうございます」と手にした永楽銭の束を押しいただいて、村の者たちとともに騎乗の武士のあとに従った。

集落の北の外れで織田軍が小休止したため、武士は馬を下りて梶原次右衛門《かじわらじえもん》と名乗り、村の者たちに、火をつけた訳を話すよう促した。村人たちは、武田勝頼が新府

(2) **永楽銭**…永楽通宝《つうほう》のこと。明《みん》の永楽六年(1408年)以降に鋳造された銅貨で、明銭《せん》(中国の明代に鋳造された銭貨)の中ではもっとも評価が高かった。大量に用いる場合は、九十七枚または百枚を藁縄に通して束ねて用いた。

(3) **関所が増えて**…『信長公記』には、武田勝頼は新府城の築城に際して新規の税や労役のほか、新しい関所を設けて通行税まで課したので、民衆の悩みが尽きなかったと書かれている。

城築城のために課した新たな税や労役のせいで生活が苦しいこと、関所が増えて(3)外部との取引も難しくなったこと、そのため織田軍に差し出す銭もないこと、ならば織田軍に協力するため、自ら家に火をつけることを村の者全員で決めたことなどを口々に話した。

訴えを聞き終えた武士が、「ようわかった。我らは乱取りはせぬので、安心して村へ帰るがよい。追って沙汰《さた》する」と告げたので、殺されることも覚悟していた村の者たちは手を合わせてひれ伏した。

とはいえ、村の者たちは家を燃やしてしまったので、しばらくは山小屋や洞《ほら》に籠もるしかない。当面の食料は皆で持ち寄って山に隠してあるが、薪や水も必要だ。孫太郎は、村の者たちと分担を話し合ったのち、薪を集めるため山に隠しておいた鉈《なた》を取りに走った。

▼穴山梅雪《あなやまばいせつ》の内通

天正十年二月二十七日（1582年3月21日）

織田信長が安土城の表御殿で、菅屋長頼、堀秀政、長谷川秀一らと武田攻めの評定《ひょうじょう》（1）を行っていたところに、駿府に在陣している徳川家康がつかわした使者がやってきた。

服部勘十郎《はっとりかんじゅうろう》と名乗る使者が差し出した書状には、武田家の一門衆で江尻《えじり》城（2）の城代《じょうだい》（3）である穴山梅雪が味方についたと書かれていた。使者が言うには、すでに梅雪は屈強な者を五百人ほど組織して甲府に送り込み、武田家へ人質として差し出していた妻や嫡男（4）らを助け

（1）**評定**…相談して決めること。評議を行って物事の評価やよしあしなどを決定すること。

（2）**江尻城**…現在の静岡県静岡市清水《しみず》区にあった平城。武田信玄の駿河侵攻後に築かれ、長篠・設楽原《したらがはら》の戦い後に穴山梅雪が城代となり駿河国（現・静岡県東部中部）の拠点とした。

（3）**城代**…城主に代わって城を管理する者。

（4）**妻や嫡男**…梅雪は、天正十年二月二十五日の夜に甲府の穴山屋敷から妻の見性院《けんしょういん》と嫡男の勝千代《かつちよ》を密かに連

出して、自身の本拠である下山《しもやま》（現・山梨県身延町《みのぶちょう》）に匿《かくま》っているという。さらに、この梅雪の寝返りと人質奪還の噂はすでに知れ渡っており、武田家の一門や家臣たちは大混乱に陥っているというのだ。

この知らせを聞いて大いに喜んだ信長は、家康からの使者に褒美の短刀を取らせて駿府に帰した。すでに徳川と北条も武田領に攻め入っており、大島城の先にある高遠城（5）を落とせば、武田家の本拠である甲斐《かい》は裸も同然である。ここまでくれば焦《あせ》る必要はない。

翌日、信長は右筆《ゆうひつ》の楠木長諳《くすのきちょうあん》に筆をとらせて、自分が出陣するまでは、信忠他の若い者たちが戦功のために焦って軽率な行動を取ることのないよう戒《いまし》め、決戦に備えて道路の整備や繋城《つなぎじろ》（6）の構築に専念するよう指示する書状を、信忠側近の河尻秀隆に宛てて送った。

れ出していた。見性院は武田信玄の娘で勝頼の異母姉に当たる。

（5）**高遠城**…現在の長野県高遠町《たかとおまち》にある平山城。武田氏が信濃の要衝《ようしょう》として重視した城で、信玄が軍師の山本勘助《やまもとかんすけ》に命じて大規模改修を行ったのちは、勝頼を含む武田氏の重臣や一族が城主を務めた。

（6）**繋城**…二つの城の連絡を取るために、その中間に築いた城。中継基地の役割を持つ。

Column ②

信長は「うつけ」だったのか？

『信長公記《しんちょうこうき》』には、若き日の信長の姿として、明衣《ゆかたびら》（浴衣）の袖を外して半袴《はんばかま》をはき、火打ち袋などをいろいろと身につけて、茶筅髷《ちゃせんまげ》を紅色や萌葱《もえぎ》色の糸で巻き立て、朱鞘《しゅざや》の太刀《たち》を差していたと書かれている。つまり、当時の人たちから見てもかなり派手な格好をしていた。また、人目もはばからずに栗や柿、瓜、餅などを歩き食いや立ち食いし、いつも人の肩にぶら下がって歩いていたというから、かなり行儀も悪かったようだ。

さらには父・信秀《のぶひで》の葬儀に前述のような無作法な格好で現れ、仏前に抹香《まっこう》を投げつけて帰ったとあるので、「うつけ」と評されても仕方なかったといえそうだ。

一方で、同じ『信長公記』には、若き日の信長は弓や鉄砲、馬、水練などの稽古に励み、兵法をよく学んだとある。また、竹槍の稽古を見て短い槍は不利と考え、三間《けん》（5.5m）や三間半（6.4m）の長槍を考案するなど、戦国大名の跡取りらしい鍛錬や工夫は欠かさなかった。

ちなみに、若かりし日の信長のさまざまな奇矯《ききょう》な振る舞いは、信長の弟・信勝《のぶかつ》（信行《のぶゆき》）を溺愛していた母・土《ど》田《た》御《ご》前《ぜん》の関心を引きたいがための行動だったとする説もある。のちに「魔王」と称された信長も、若き日にはさまざまな葛藤を味わい、反抗していたのかもしれない。

天正十年（1582年）

三月

―無常―

「三月」の主な登場人物

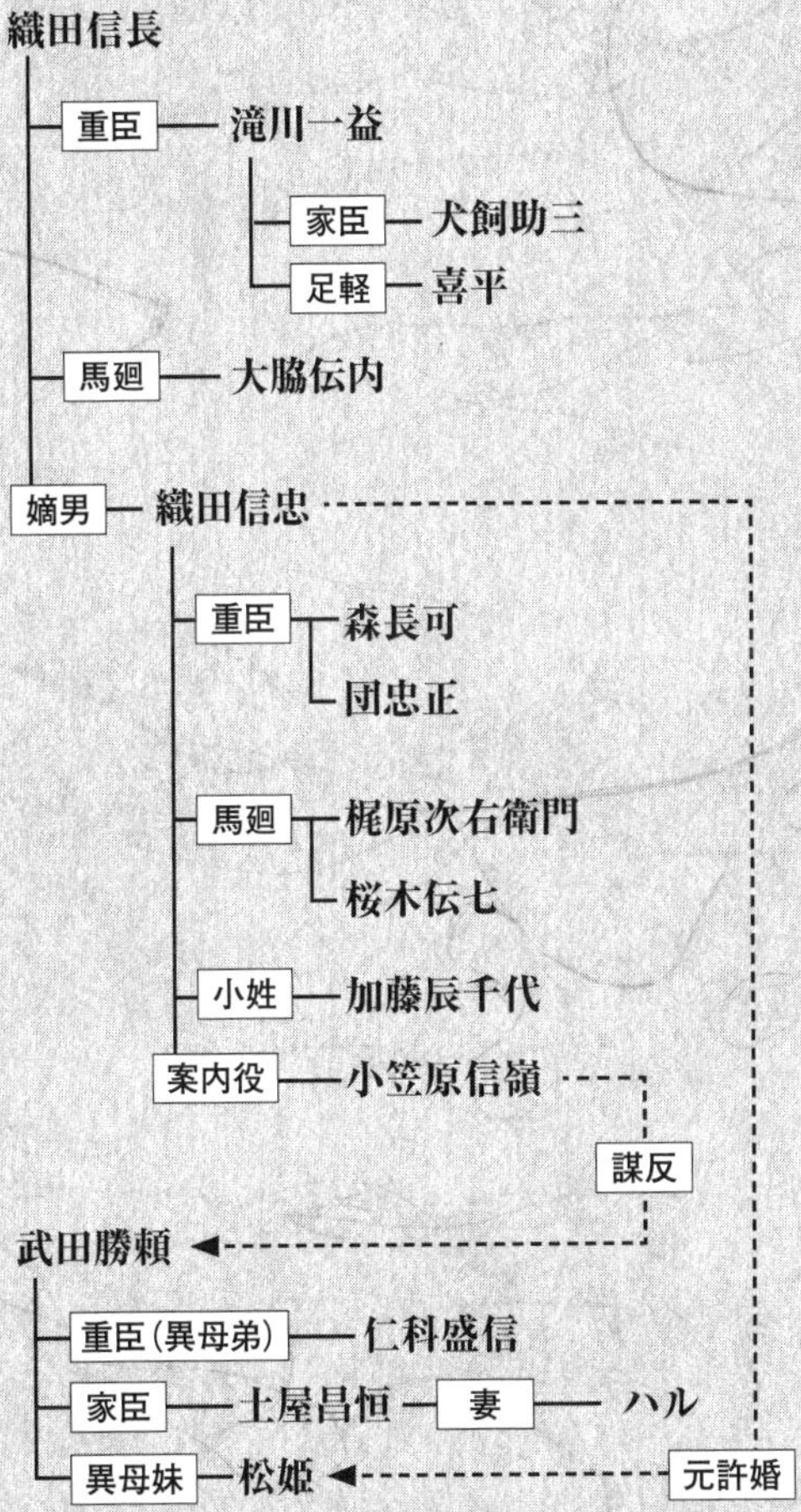

※上の図は「三月」に登場する主な人物に絞って掲載しています。上図掲載の人物を含め、本文に登場する人物はすべてp196～205の「登場人物索引 兼 人物紹介」にて人物紹介文を掲載（五十音順）していますので、あわせてご参照ください。

※本文下の「注釈」のみで触れた人物については、「登場人物索引 兼 人物紹介」に掲載されていません。

▼眼下に高遠《たかとお》城を望む

天正十年三月一日（1582年3月24日）

今回の武田《たけだ》攻めに際して織田信忠《おだのぶただ》から母衣《ほろ》衆（1）の一人に任じられた桜木伝七《さくらぎでんしち》は、十人ほどの他の母衣衆とともに信忠に付き従い、川（2）を挟んで高遠城と向かい合う位置にある山に登っていた。

見晴らしのよい場所までたどり着いた信忠一行は、眼下に高遠城を見下ろした。城内には、飯田《いいだ》城を捨てて退却した保科正直《ほしなまさなお》率いる将兵も籠《こ》もっているためか、思っていたより兵員は多いようだ。城兵たちは来るべき決戦に備えて、蟻が行列をなすごとく立ち働いていた。

（1）**母衣衆**…信忠に近侍する馬廻、小姓などから選抜された集団。織田信長が側近中の側近として黒母衣衆と赤母衣衆を各十名ずつ、二十名選抜していたことは特に有名。

（2）**川**…三峰川《みぶがわ》。天竜川《てんりゅうがわ》水系における最大の支流で、古くから暴れ川として有名だった。

（3）**大手**…城の正面（正門）。

（4）**陣城**…戦場に造られた臨時の城。現・長野県伊那市富県《とみがた》にある「一夜の城跡」と呼ばれる遺構が、高遠城攻めの時に信忠が築いた貝沼原の陣

前日、信忠は高遠城主の仁科盛信《にしなもりのぶ》に使者を出して降伏勧告を行ったが、盛信がこれを拒否したため城下の町に火を放っていた。そのため、城下には黒く焼け焦げた家々の残骸が並ぶばかりで、人々は逃げ去り静まりかえっている。

高遠城は三方を険しい山に囲まれており、さらに三方を二つの川が囲んで天然の外堀としていた。そのため、城の大手《おおて》（3）へと兵を進めるには、崖沿いの道を一騎ずつ進むしかなさそうだ。城の検分を終えて山を下りた信忠は、高遠城から一里（約4㎞）ほど西方の貝沼原《かいぬまはら》に設けた陣城《じんじろ》（4）に戻った。

この日の夜、小笠原信嶺《おがさわらのぶみね》を案内役として、森長可《もりながよし》、団《だん》忠正《ただまさ》、河尻秀隆《かわじりひでたか》、毛利長秀《もうりながひで》らが率いる一軍が城の川下の浅瀬を渡り、高遠城の大手へと詰め寄った。

城跡と伝わる。

▼高遠城攻め

天正十年三月二日（1582年3月25日）

夜明け前、小笠原信嶺を案内役とした一軍が夜のうちに川を渡り、高遠城の大手に詰め寄る一方で、織田信忠は母衣衆他の近習衆や足軽衆を率いて城の搦手《からめて》（1）に向かっていた。すると、信忠の背後から鉄砲の音や叫び声が聞こえてきた。敵が大手から出撃し、森長可や団忠正らが率いる織田軍と衝突したようだ。

高遠城に籠もる敵兵たちは、防御の点で有利とはいえ、多勢に無勢である。しばらくすると敵兵が城に逃げ込んだのか、戦闘の音は聞こえなくなった。

（1）**搦手**…城の裏面（裏門）。

（2）**竹束**…竹を束ねて楯としたもの。従来の木の板による楯よりも、鉄砲の玉を防ぐのに効果的だった。

（3）**一番乗り**…戦場で最初に敵陣や敵城に攻め込むこと。『熱田加藤家史』によると、辰千代はこの一番乗りの功により、信忠から紫母衣猩々皮《むらさきほろしょうじょうひ》の陣羽織を賜《たまわ》ったという。

城の搦手近くで陣形を整えた信忠は、竹束《たけたば》(2)で敵の鉄砲玉を防ぎながらゆっくりと前進していった。

しばらくの間、信忠は鉄砲衆や弓衆に城を攻撃させて様子を見ていたが、敵兵の反撃が弱まったところで自ら城の塀に駆け寄って柵を破ると、付き従う母衣衆や馬廻衆、小姓衆と競うように塀の上に駆け上がり「一斉に乗り入れよ！」と大音声《だいおんじょう》で叫んだ。

信忠の号令を聞いた加藤辰千代《かとうたつちよ》は、城壁にかけた梯子《はしご》を駆け上がり敵城内に一番乗り(3)すると、敵の足軽たちを槍で薙《な》ぎ払っていった。従者の惣兵衛《そうべえ》も辰千代を追いかけながら、主人の背後の敵を突き倒していく。足軽たちを指揮する敵将のもとへ一気に駆け寄った辰千代は、槍をすばやく繰り出して大将の右肩を突き、のけぞった相手の喉を突いてとどめを刺した。討ち取った敵の首は惣兵衛に任せ、辰千代はさらに城の奥へと走った。辰千代が敵の足軽大将を倒している間に、他の信忠の近習たちや槍衆も次々と城の奥へと攻め入っている。

辰千代の一番乗りを横目に桜木伝七《さくらぎでんしち》が槍衆を従えて三の丸へ攻め入ると、敵兵が崩れるようにして二の丸へと逃げ込んで行った。それを見た伝七は、あとに続く者たちとともに敵が閉めようとしていた門をこじ開けた。他の織田軍の将兵たちも、ある者は伝七たちがこじ開けた門から、ある者は内堀を渡って塀に梯子をかけ、三の丸から二の丸、本丸へと雪崩《なだれ》のように攻め入っていく。

伝七が本丸にたどり着くと、すでに敵味方が入り乱れて戦っていた。本丸御殿の前では具足をまとった女(4)が薙刀《なぎなた》を振るい、織田軍の槍衆を斬ってまわっている。伝七は女の壮絶な戦いぶりに目を見張ったが、意を決す

(4) **具足をまとった女**…『信長公記』には、諏訪勝右衛門《すわかつえもん》の女房が敵を斬ってまわったとあり「比類なき働き、前代未聞の次第なり」と記している。女の名は不明だが、一説に「諏訪はな」と伝わる。

(5) **櫓**…城郭内に設けられた防御のための建造物。監視や指令所、武器庫など、多様な用途で用いられた。

ると女に駆け寄り、相手が薙刀を振りかぶった瞬間に具足のすき間を狙って、槍で胸を突き刺した。

一方、本丸に駆け込んだ梶原次右衛門《かじわらじえもん》は、敵兵を追って城の台所に入った。中では、まだ十五、六歳ほどの美しい若衆が、弓矢で織田勢を次々と射倒していた。若衆は矢が尽きると、なおも刀を抜いて織田軍の兵たちに斬りかかってきた。台所の土間で敵兵を突き崩していた次右衛門は、板間に飛び乗ると槍を捨てて刀を抜き、先ほどまで弓を射ていた若衆に斬りかかった。若衆は左籠手で次右衛門の初太刀を防いだが、その隙に背中を織田方の槍衆に突かれ、うめき声を上げるとすぐに果てた。

次右衛門は「無粋《ぶすい》なことを」と思ったが、ここは戦場である。若衆を刺した槍衆を責めている場合ではない。台所を出た次右衛門は、本丸櫓《やぐら》(5)の中へと駆け込んだ。

▼高遠城の落城

天正十年三月二日（1582年3月25日）

本丸櫓の中に入った瞬間、梶原次右衛門は凄まじい光景を目にした。高遠城主の仁科盛信が落城を悟り、櫓内で副将の小山田《おやまだ》昌成《まさゆき》らとともに自刃《じじん》すると、敵の将兵やその妻たちが、我が子を刺し殺し、櫓に火をつけて突進してきたのだ。さしもの次右衛門も、死を賭《と》して襲ってくる敵の槍をかわすだけで精一杯だった。

しかし、本丸にたどり着く織田軍の数が増すにつれ、城内の敵兵は数を減らしていき、難攻不落とも評された高遠城は一日と保たずに落城した。

（1）**四百人余り**…この戦では織田方の被害も少なくなく、戦死者二百七十余りを数えたという。

（2）**松姫**…武田信玄《たけだしんげん》の四女。信松尼《しんしょうに》。婚約時の信忠と松姫は、文通のみで実際に会ったことはなかったようだが、信忠が生涯正室を迎えなかったのは、松姫への思いがあったからだとも言われている。この高遠城攻めの時、松姫は武蔵八王子に落ち延びた。武田氏滅亡後、信忠は八王子にいた松姫のもとへ迎えの使者をつかわしたが、松姫が信忠に会いに行く道中で

自刃した者を含めた武田軍の戦死者は、城将の仁科盛信のほか、伊奈衆の春日河内守《かすがかわちのかみ》、飯島民部少輔《いいじまみんぶのしょう》・小太郎《こたろう》父子、高遠衆の神林十兵衛《かんばやしじゅうべえ》、甲斐衆の今福又左衛門《いまふくまたざえもん》他四百人余り(1)にのぼり、落城後、盛信の首は信長のもとに送り届けられた。

この高遠城攻めの時、かつて織田信忠の婚約者であった信玄の娘・松姫《まつひめ》(2)も城にいたが、三歳になったばかりの盛信の娘とともに辛《から》くも城を抜け出していた。

また、坂西織部《ばんざいおりべ》とともに飯田城から退却して高遠城に籠もっていた保科正直は、織田軍による城攻め直前の夜に小笠原信嶺に使者を出し、高遠城内に火を放って織田方に寝返ると申し入れていたが、この提案は信忠にまで伝わらなかったため、城攻めが始まる直前に城から逃げ出していた(3)。

本能寺の変が起こったため、二人は生涯会うことはなかったという伝承がある。

(3) 城から逃げ出していた…逃げた保科正直は実弟の内藤昌月《ないとうまさあき》を頼って上野《こうずけ》箕輪《みのわ》城へ逃れた。武田氏滅亡後、正直は滝川一益《たきがわかずます》、のち北条《ほうじょう》氏、最後は徳川家康《とくがわいえやす》に従い、家督を継いだ息子の正光《まさみつ》は徳川秀忠《ひでただ》の庶子・幸松丸《こうまつまる》(正之《まさゆき》)を養子とした。幸松丸はのちに会津松平《あいづまつだいら》家祖となった。

▼新府《しんぷ》城炎上

天正十年三月二日～三日（1582年3月25日～26日）

ハルは、この正月に五歳(1)になったばかりの息子・平三郎《へいざぶろう》を寝かせたあと、針仕事をしながら夫の帰りを待っていた。夫の土屋昌恒《つちやまさつね》はこの夜、武田家の一門衆や家臣たちとの軍議のため、新府城に出仕していた。

先月の末、穴山梅雪《あなやまばいせつ》の裏切りを知った武田勝頼《かつより》は、木《き》曾義昌《そよしまさ》討伐のため諏訪《すわ》に敷《し》いた陣を引き払い、去年の十二月に府中《ふちゅう》（甲府《こうふ》）から移ったばかりの新府城に戻っていた。この退却の時、勝頼が率いる軍からは逃亡者が続出し、七、八千人ほどいた兵は、城に着くころにはわず

(1) **五歳**…数え年。満年齢で四歳前後。

(2) **第二の本拠**…武田勝頼の母は、武田信玄によって滅ぼされた名族・諏訪氏の当主だった諏訪頼重《よりしげ》の娘で、勝頼は元服後、諏訪氏の名跡《みょうせき》を継ぎ諏訪勝頼と称していた。

(3) **甲斐への侵攻**…徳川家康は、穴山梅雪を案内役として三月三日に甲斐の市川《いちかわ》口（山梨県西八代《にしやつしろ》郡市川三郷《みさと》町《ちょう》）へ侵攻した。

か千人足らずに減っていた。そればかりか、駿河《するが》や遠江《とおとうみ》（現・静岡県中部および西部）の武田方の城も、織田と同盟する徳川軍や、織田軍に呼応して挙兵した北条《ほうじょう》軍の手に次々と落ちており、さらにこの日の夜、追い打ちをかけるように、高遠城落城の知らせが届いたのだった。

勝頼にとって第二の本拠（2）とも言える諏訪や、信濃の要衝にある深志《ふかし》城も、やがて各方面から押し寄せる織田軍の手に落ちるだろう。さらに徳川《とくがわ》軍も、謀反した穴山梅雪とともに甲斐《かい》への侵攻（3）を開始するという。こうなると、同盟国である上杉《うえすぎ》家が援軍を寄こしたとしても焼け石に水だ。もはや武田家の復興を信じる者は、味方のうちにも少なくなっていた。

亥《い》の刻（午後十時前後）ころ、昌恒がようやく屋敷に帰ってきた。軍議の結果、築いたばかりの新府城を捨て、今日の軍議に連なっていた小山田信茂《おやまだのぶしげ》の居城である岩殿《いわどの》城(4)へ退くことになったという。

今や勝頼の膝元であるここ新府(韮崎《にらさき》)や府中でも、武田家譜代の家臣や勝頼の側近たちまでもが次々と逃げ出している。そのような状況においても昌恒は、最後まで勝頼に従って行くつもりのようだ。

昌恒は居間に寝転がって片肘《かたひじ》をつき、部屋の隅ですやすやと眠る平三郎の横顔を見つめていた。しばらくすると昌恒は、小さいが明瞭な声で「平三郎を連れて駿河へ行くがよい(5)」と言った。ハルが聞こえないふりをして針仕事を続けていると、昌恒は「もう夜も更けた。寝るぞ」といって寝床に入ってしまった。

翌朝、ハルが目覚めると、すでに昌恒の姿はなかった。朝早くに屋敷を出て、新府城へ出仕したのだろう。ハル

(4) **岩殿城**…山梨県大月《おおつき》市にあった山城。標高６３４ｍの岩殿山の山上に築かれていた。

(5) **駿河へ行くがよい**…土屋昌恒は武田家重臣であった金丸筑前守虎義《かねまるちくぜんのかみとらよし》の五男として生まれたが、十五歳の時に駿河の武将・土屋備前守貞綱《びぜんのかみさだつな》の養子となり、土屋惣蔵《そうぞう》昌恒と名を改めた。なお、昌恒の妻は土屋備前守の娘だったと伝わる。

が朝飯の用意を終えたころ、突然、外から騒がしい声が聞こえてきた。ハルが何ごとかと思い屋敷を出て城のほうを見ると、新府城が白煙を上げて燃えていた。

屋敷前の街道には、城下から逃げだそうと荷物を抱えて足早に歩く武士や町衆が列をなしていた。ハルが通り過ぎる人たちの話に耳を澄ませたところ、どうやら勝頼が新府を退くために、自ら城に火をかけたらしい。しかも、武田家に差し出され城に幽閉されていた大勢の人質たちが、城とともに焼き殺されたのだという。ハルは、恐ろしさのあまり肌が粟立《あわだ》った。

屋敷に戻ったハルは、居間で食事していた平三郎を抱きしめた。夫はおそらく、帰ってこないだろう。そう直感したハルは、平三郎とともに駿河へ旅立つため、急いで荷造りを始めた。

▼信忠、甲府に入る

天正十年三月七日（1582年3月30日）

高遠城落城の翌日、織田信忠は上諏訪《かみすわ》に入ると町に火をかけ、霊験あらたかなことで知られる諏方大明神《すわだいみょうじん》（1）をも焼き払った。その二日後の五日、織田信長率いる大軍勢（2）が武田攻めの後発隊として安土を出陣した。

六日、信忠率いる先発隊はついに、かつて武田家の本拠であった甲府を占領、翌七日には信忠自身も甲府に入り、躑躅《つつじ》ヶ崎館《さきやかた》（3）にほど近い一条蔵人《いちじょうくらんど》の屋敷（4）に陣を構えた。

甲府には、遡《さかのぼ》ること四日前に新府城を捨てた武田勝頼

（1）**諏方大明神**…諏訪神社（現・諏訪大社）のこと。全国に二万五千社あるとされる諏訪神社の総本社で、本宮《ほんみや》と前宮《まえみや》からなる上社《かみしゃ》、春宮《はるみや》と秋宮《あきみや》からなる下社《しもしゃ》の四宮からなる。信忠は上社本宮を焼き払った。

（2）**織田信長率いる大軍勢**…この時、信長が率いたのは、津田信澄《つだのぶずみ》（信長の甥）、菅屋長頼《すがやながより》、矢部家定《やべいえさだ》、堀秀政《ほりひでまさ》、長谷川秀一《はせがわひでかず》などの側近たちと馬廻衆や小姓衆、氏家行継《うじいえゆきつぐ》ら西美濃衆、蒲《がも》生賦秀《うやすひで》（氏郷《うじさと》）ら近江衆、金森長近《かなもりながちか》ら越前衆、池田元助《いけだもとすけ》ら摂津衆、丹羽《にわ》長秀《ながひで》ら若狭衆、蜂屋頼隆《はちやよりたか》ら和泉衆、さらに明智光秀《あけちみつひで》が率いる山城衆や丹波衆、細川忠興《ほそかわただおき》ら丹後衆、筒井順慶《つついじゅんけい》ら大和衆という大軍勢だった。

（3）**躑躅ヶ崎館**…現・山梨県甲府市にあった武田氏の居館。永正《えいしょう》十六年（1519年）に武田信玄の父・信虎《のぶとら》が

一行がたどり着いていたが、すでに町は逃げ惑う武士や町衆で大混乱に陥っていた。その様子を見た勝頼一行は旅装を解くこともなく、すぐに勝沼（現・山梨県甲州市内）方面へ発ったという。

これを聞いた信忠は、滝川一益に勝頼一行の探索を命じた。さらに信忠は、近習たちに武田勝頼の一門や親類、家老などの探索を命じて捕らえさせ、見つけた者たちをことごとく成敗した。殺された者の中には、武田信玄の次男で盲目の龍宝《りゅうほう》(5)、信玄の弟の信廉《のぶかど》などもいた。

さらに信忠は、織田勝長《かつなが》、団忠正、森長可に足軽衆をつけて上野《こうずけ》（現・群馬県）につかわし、同地の国衆《くにしゅう》や地侍たちに織田家に従うよう触れさせた。この日以降、甲府の信忠の陣の門前には、帰順の挨拶のため出頭した駿河、甲斐、信濃、上野(6)の地侍たちが列をなした。

築いて以降、信玄、勝頼と続く武田三代の本拠だったが、勝頼の新府城移転にともない破却された。

(4) **一条蔵人の屋敷**…武田十二将に数えられる武田信玄の異母弟・一条信龍《のぶたつ》の屋敷。『信長公記』には、信龍は甲斐に侵攻した信忠によって成敗されたとあるが、実際は捕らえられておらず、甲斐市川郷の上野城で徳川勢と戦い討死した（処刑されたとの説も）。

(5) **龍宝**…『信長公記』には、信忠が甲府へ入国した時に隆宝（龍宝のこと）を成敗したとあるが、龍宝は武田氏が滅亡後に畔村《あぜむら》の入明寺《にゅうみょうじ》（現・甲府市住吉《すみよし》）で自害したとの伝承もある。

(6) **駿河、甲斐、信濃、上野**…いずれも旧武田領。

▼赤光《しゃっこう》と安土城

天正十年三月八日（1582年3月31日）

大脇伝内《おおわきでんない》は屋敷の二階にある座敷で、今回の武田攻めに要した武器調達の費用を勘定するため、算盤《そろばん》（1）を弾いていた。すると夜も更けた亥の刻（午後十時前後）ころ、何やら戸外が騒がしくなった。

伝内はしばらく捨て置いたが、騒ぎはなかなか収まらない。窓の格子《こうし》越しに外を見ると、セミナリヨの伴天連《ばてれん》たちが夜空を見上げながら、大声を上げて異国の言葉で話し合っている。

何ごとかと思い伝内が外に出て空を見上げると、夜中

（1）**算盤**…中国で発明された算盤は、中世には日本でも広まっていた。戦国大名の前田利家《まえだとしいえ》も陣中で使っていたと言われ、それは現存する日本最古の算盤として知られる。

（2）**赤い光の幕**…この日、京都や安土で赤光（オーロラ）が見られたとの記録がある。フロイスの『日本史』によると、この赤い光は豊後《ぶんご》（現・大分県）でも確認されたという。

（3）**天鵞絨**…織物のビロード（ベルベット）のこと。天文《てんぶん》年間（1532～55年）に、ポルトガル船によって

であるにもかかわらず、赤い光の幕(2)のようなものが揺らめきながら空を覆《おお》っていた。

伴天連たちの騒ぎ声を聞きつけた他の町衆や武士たちも次々と外に出てきて、空を覆う不気味な光を見上げて騒ぎ始めている。

ふと、伝内が安土城のほうを見ると、まるで天鵞絨《ビロード》(3)のように天から垂れ下がる赤い光の中に、天主の黒い影が切り抜かれたかのようにそびえ立っていた。

昨年の夏、織田信長の命で天主や摠見寺《そうけんじ》にたくさんの燈籠《とうろう》を吊るし、さらに馬廻衆が城の各所や城下で松明《たいまつ》を灯して、夜の安土城を明るく照らした(4)ことがあった。その時の、夕闇の中に明るく浮かび上がった安土城は見事な美しさだったが、この夜の城の美しさはその時とまるで異なり、伝内には不吉に思えた。

日本にもたらされたという。

(4)**夜の安土城を明るく照らした**…天正九年七月十五日(1581年8月14日)、信長は安土城やその周辺に無数の灯火を吊るして安土城をライトアップした。この演出は、津島《つしま》神社(当時の呼称は津島牛頭天王社《ごずてんのうしゃ》。織田信長が氏神として尊崇した)の宵《よい》祭《まつり》から着想を得たものと言われている。

▼武田家の滅亡

天正十年三月十一日（1582年4月3日）

武田勝頼の探索を命じられた滝川一益の家臣・犬飼助三《いぬかいすけぞう》が、駒飼《こまかい》（現・山梨県甲州市内《こうしゅう》）というひなびた山村に勝頼一行が潜《ひそ》んでいることを突き止めたのは、十日の午後のことだった。助三はすぐに、一益に勝頼の居場所を伝えるため使いを出した。勝頼一行は武田家家老の小山田信茂が籠もる岩殿城を目指していたが、またしても家臣の裏切りにあい、入城できなかったようだ。

木陰に身を隠した助三が援軍を待ちながら見張っていると、勝頼一行の将兵たちが主君を置いて逃げ始めた。

(1) 天目山…山梨県甲州市大和町《やまとちょう》地区にある地名。同地にある武田家の菩提寺・栖雲寺《せいうんじ》の山号に由来。

(2) かつての武田家家臣…この時、勝頼一行は甘利左衛門尉《あまりさえもんのじょう》、大熊備前守《おおくまびぜんのかみ》、秋山摂津守《あきやませっつのかみ》ら武田家家臣に鉄砲を撃ちかけられて入山を拒否され、辻弥《つじや》兵衛《へえ》も近隣の百姓を率いて勝頼の命をつけ狙っていたという。

(3) 地下人…管轄下の領民。

どうやら勝頼は、ここまで召し連れてきた家臣たちにも見限られたらしい。いつしか勝頼に付き従う者は、女や子どもを含めてもわずか百人ほどになっていた。

翌朝、勝頼は残った者たちと駒飼を発った。助三が密かに後を追うと、一行は田野《たの》（現・山梨県甲州市内）に至り、さらに先へ進もうとしていた。武田家の菩提寺《ぼだいじ》のある天目山《てんもくざん》(1)を目指していると察した助三は、再び一益のもとへ使いを出した。

しかし、ここでも勝頼一行は、かつての武田家家臣(2)や天目山の地下人《じげにん》(3)たちから鉄砲を撃ちかけられ、その零落《れいらく》ぶりは助三が哀れに思うほどだった。

行軍を諦《あきら》めて田野に戻った勝頼は、柵を廻《めぐ》らせ急ごしらえの陣を設け始めた。ちょうどその時、助三の知らせを受けて一益が差し向けた追討軍が静かにやって来た。

軍の指揮を執《と》る滝川益重《ますしげ》と篠岡平右衛門《ささおかへいえもん》は、敵に気取《けど》られぬよう遠巻きに敵陣を包囲していく。追討軍に合流した助三が、益重に勝頼一行の行程や人数について伝えていると、敵陣の方角から鉄砲の音が響いた。勝頼一行が、包囲されていることに気づいたようだ。敵陣から三人の男(4)が逃亡するのが見えたが、益重は逃げる者を殺すのも無益《むえき》と考えたのか、この者たちを見逃した。

織田軍は包囲の輪を狭《せば》め、敵陣に弓矢と鉄砲を射かけた。すると、勝頼一行は観念したのか、女たちが陣中で次々と自害していき、男たちは女たちを介錯《かいしゃく》したあと、子どもたちを抱きかかえて一人ずつ刺し殺していった。

さらに織田軍が包囲を狭めて敵陣の柵を破ろうとしたところで、残る武田勢四十人ほどが凄まじい反撃を開始した。織田方にまで武勇が聞こえる土屋昌恒は、幾度も

(4)三人の男…この時、勝頼の妻の北条夫人(北条氏康の六女)は、勝頼と別れて小田原《おだわら》へ落ち延びることを拒《こば》み、武田家に嫁いだ際に従えてきた侍臣・早野内匠助《はやのたくみのすけ》、剣持但馬守《けんもちたじまのかみ》、清六左衛門とその弟の又七郎の四人に、自分の遺髪を小田原の実家に届けるよう命じたが、剣持但馬守のみ脱出を拒んだという。この時、北条夫人は「黒髪の 乱れたる世ぞ はてしなき 思《おも》ひに消《きゆ》る 露の玉の緒」(黒髪が乱れるように世の乱れも果てしない。主人を思う私の心は、露のごとくはかなく消えようとしている)との辞世の句を詠《よ》んだと伝わる。北条夫人は数え年で十九歳だった。

(5)味方…信勝の死について、『信長公記』は討死としているが、『甲陽軍鑑』は武田信廉《のぶかど》の子で甲府の大竜寺《だいりゅうじ》住職の大竜寺麟岳《りんがく》と刺し違えて死んだと

弓をつがえては次々と敵を射殺し、織田軍が陣になだれ込んでくると、刀を抜いて無数の将兵を斬り伏せた。

勝頼も、昌恒の奮戦を尻目に向かってくる何人もの敵を斬って倒すと、踵《きびす》を返して粗末な陣屋に入っていった。自刃《じじん》したのだろう。奮戦する武田勢の中には、十五、六歳と思われるとりわけ美しい若者がいた。勝頼の嫡男《ちゃくなん》の信勝《のぶかつ》だろう。この若武者も敵を斬ってまわり、十数人を斬り伏せたところで味方(5)と刺し違えて死んだ。

助三が槍を構えて敵陣に近づくと、織田勢に囲まれて土屋昌恒ほか三人の武者(6)が満身創痍《まんしんそうい》で奮戦していたが、やがて互いに目配せを交わしたかと思うと、三つ巴《どもえ》に刺し違えて倒れた。山中は静まりかえり、風が木の葉を揺らしていた。武田家のあまりにあっけない終焉《しゅうえん》に無常を感じた助三は、槍を抱えて静かに手を合わせた。

記している。

(6) 三人の武者…武田信玄の従妹・理慶《りけい》尼《に》の著と伝わる『理慶尼記』には、この時、土屋昌恒、金丸助六郎《かねまるすけろくろう》、秋《あき》山源三郎《やまげんざぶろう》の三兄弟が、最後に互いに刺し違えて死んだとある。

▼勝頼父子の首実検《くびじっけん》

天正十年三月十一日〜十五日（1582年4月3日〜7日）

十一日、滝川一益の軍勢により田野で討たれた武田勝頼父子の首は、その日のうちに甲府に在陣する織田信忠のもとに届けられた。

二つの首は水で洗われ、髪を結い直されたあと化粧とお歯黒を施《ほどこ》され、首実検⑴のため織田信忠の前に差し出された。

十二日、信忠は関加平次《せきかへいじ》と桑原助六郎《くわばらすけろくろう》の二人に勝頼父子の首を持たせて、織田信長のもとに送った。

十四日、岩村《いわむら》（現・岐阜県恵那《えな》市内）の陣を引き払い

⑴ **首実検**…討ち取った敵の首が当人のものであるかどうかを大将が検分するとともに、配下の論功行賞の材料にした。首実検の前には首をきれいに整える慣習があり、その作業は通常、女性が行っていたという。

⑵ **浪合に移った信長**…三月五日に岐阜を発った信長は、同日は柏原《かしわばら》（現・滋賀県米原《まいばら》市内）に泊まり、六日は呂久《ろく》の渡し（揖斐川《いびがわ》、現・岐阜県瑞穂《みずほ》市内）で仁科盛信の首を検分した。七日は岐阜に留まり、八日は犬山《いぬやま》（現・愛知県犬山市）、九日は金山（兼

浪合《なみあい》（現・長野県阿智《あち》村）に移った信長(2)のもとに、勝頼父子の首が届いた。信長は首台《くびだい》(3)に置かれた二つの首を、刀に手をかけることなく両目で正面から見据《みす》えると(4)、「日本《ひのもと》に隠れなき弓取り(5)も、運が尽きればこうなるものか」と静かに言った。

首実検の場を去る間際、信長は側近の矢部家定《やべいえさだ》に、勝頼父子の首を、翌日に陣を張る予定の飯田まで運ぶように命じた。

十五日の朝、信長の軍が浪合を発ち、飯田に向け行軍していると、午《うま》の刻（正午前後）のころに激しい雨が降り始めた。軍が飯田に到着して陣を構えたのは、申《さる》の刻（午後四時前後）になるころだった。信長の命で飯田城下に勝頼父子の首(6)が晒《さら》されると、かつての領主の首を一目見ようと近郷の人々が集まった。

山、現・岐阜県可児《かに》市内）、十日は高野《こうの》（現・岐阜県瑞浪《みずなみ》市内）、十一日は岩村（現・岐阜県恵那《えな》市内）まで進軍した。

(3) **首台**…首実検のための首をのせる台。大将首をのせる首台には四寸（約12㎝）の脚がつけられた。

(4) **刀に手をかけることなく両目で正面から見据えると**…首実検の際には、刀の柄《つか》に手をかけ、左目の目尻で一目で見るのが作法とされていた。

(5) **弓取り**…武士のこと。一国を領するほどの武家を指していう場合が多い。

(6) **勝頼父子の首**…その後、信長は長谷《はせ》川宗仁《がわそうにん》（信長の奉行衆の一人。茶人、画師としても知られる）に、勝頼父子および武田信豊《のぶとよ》（勝頼の従兄弟。小諸城で自害）、仁科盛信の首を京都に運び、晒すよう命じたという。

陣中の宴《うたげ》

天正十年三月二十二日（1582年4月14日）

三月十七日に飯田を発った織田信長の軍は、十八日に高遠城に入り、十九日には上諏訪に陣を張った。

二十日、いずれも武田旧臣で、今回の武田攻めで織田方に味方して戦った木曾義昌、穴山梅雪、小笠原信嶺が献上物を携《たずさ》えて参上したので、信長は三人を歓待して本《ほん》領《りょう》(1)の安堵を約束し、義昌に対してはさらに知行《ちぎょう》(2)を追加した。

二十一日には北条氏政《うじまさ》から使者があり、馬や黄金、江《え》川酒《がわざけ》(3)、白鳥徳利《はくちょうどくり》(4)などを献上した。信長は、関東

(1) **本領**…もとから治めていた領地。それぞれの本領は、義昌が信濃木曾谷《きそだに》（木曽川上流域）、梅雪が甲斐河内《かわうち》地方（現・山梨県富士川《ふじがわ》流域）、信嶺が信濃伊那郡（現・長野県南東部一帯）。

(2) **知行**…主君より差配が許された領地。知行地。

(3) **江川酒**…戦国期から江戸初期にかけて、伊豆韮山《いずにらやま》（現・静岡県伊豆の国市内）の江川家により醸造されていた名酒。後代には徳川幕府にも献上された。北条氏が贈答品として用い

の名酒として名高い江川酒を、陣中見舞いとして甲府に陣取る織田信忠にも送ったので、翌二十二日、信忠は届いた江川酒を、高遠城攻めで戦功のあった家臣たちに樽《たる》ごと分け与えた。

この日、信忠の陣では足軽衆にも酒が振る舞われ、陣中はにわかに宴となった。鉄砲足軽の喜平《きへい》が属する鉄砲隊は、大将の坪内利定《つぼうちとしさだ》が高遠城攻めで負傷して美濃へ帰されたため、一時的に滝川一益の下に組み込まれていた。

喜平が仲間たちとともに振る舞われた濁り酒(5)を飲んでいると、高遠城攻めで戦功のあった足軽たちに名酒として名高い江川酒を振る舞うとの知らせがあり、使いの小者から喜平も呼び出された。

喜平は高遠城攻めの時に敵将の一人である諏訪《すわ》勝右衛《かつえ》門《もん》頼辰《よりとき》を撃ち倒しており、その褒美として一貫文《いっかんもん》(6)を

た御用酒で、その後、徳川政権でも御用酒として用いられた。

(4) 白鳥徳利…「鶴頸《つるくび》」と呼ばれる首が長い陶製の白徳利に酒を入れたものを「白鳥」といい、主に祝儀や贈答用として用いられた。

(5) 濁り酒…戦国期にも「清酒」と「濁酒」という区別はあったが、清酒は高級品だったため、当時、一般に流通していたのはアルコール度数の低い濁り酒が多かったという。

(6) 一貫文…現在の十万～十五万円程度。

得ていた。今回の酒も、その戦功に対する褒美だろう。

喜平が一益の宿営する屋敷に参上すると、酒樽の前にはすで二十人ほどの足軽たちが列を作っていた。樽の傍《かたわ》らでは、二人の小者が茶碗に酒を入れ、足軽たちに次々と手渡している。喜平が「鉄砲足軽、喜平と申す」と小者に名乗ると、屋敷の縁《えん》で振る舞いの様子を見ていた一益が「坪内殿より、そのほうの手柄は聞いておる。此度《こたび》はよくやった」と労《ねぎら》いの言葉をかけてきた。

驚いた喜平は「へへえ」と恐縮し、酒の入った茶碗を受け取るとすぐに樽の前から退いた。庭の隅で茶碗の中を見ると、美しく澄んだ琥珀《こはく》色の酒で満たされている。一息に酒を飲み干すと、得《え》も言われぬ香りが喉と鼻を通り抜け、心地よい酔いが体を満たしていった。

喜平が足軽小屋に戻ると、小屋の前で仲間たちが女ば

(7) 遊女…戦国時代には、戦が長引くと近隣の遊女宿の女や、巫女《みこ》や尼を装《よそお》った遊女たちが陣中に現れ、男たちの相手をした。しかし、そうした遊女は下級武士や雑兵たちにとっては"高級"だったため、彼らは行商人などに化けた半素人の遊女を相手にすることが多かったという。

(8) 下人…身分の低い、雑役などを担う人。当時、武田家の敵地における乱取りは凄まじく、武田領の周辺で恐れられていたという。乱取りで連れ去られた戦争奴隷は売買されるだけでなく、下人として使われることもあった。

(9) 二十文…現在の二千～三千円程度。

かりの一団と何やら交渉している。おそらく、行商人に化けて陣中に潜り込んだ遊女(7)たちだろう。喜平は国に置いてきた女房を思い出しながらも、「銭はあるし、今夜ぐらいは」と交渉の輪に加わった。

遊女たちの中には、不慣れな様子で黙り込んでいる若い女たちもいた。今回の戦で家族を失った娘や、主人を失った下人《げにん》(8)なのかもしれない。そんな女の一人に「二十文(9)でどうだ?」と喜平が問うと女が頷《うなず》いたので、「まずは酒でも飲もう」と言って酒を買い、足軽たちが博打や女遊びに使っている小屋に女を連れ込んだ。

酒を入れた猪口《ちょこ》を女に渡して肩を抱くと、やはりこうした商売に慣れていないのか、女は身を固くした。喜平はそんな女の様子を見て国元の幼い娘を思い出してしまい、「もういいよ」と女に二十文を握らせ帰らせた。

▼滝川一益への恩賞

天正十年三月二十三日（1582年4月15日）

この日、織田信長は陣を構えていた上諏訪に滝川一益を呼び寄せ、武田攻めの戦功に対する恩賞として上野一国と信濃のうち二郡を与えると伝えた。任務は関東八カ国(1)の警固および東国の取次(2)で、これは、実質的に東国全域の差配を任されたに等しい。

信長は、「年を取ってから(3)遠国へつかわすのは心苦しいが、もう一働き頼む」と言って、秘蔵の葡萄鹿毛《えびかげ》の馬(4)と脇差を一益に与えた。

主君の一益に従って、犬飼助三は甲府から上諏訪の陣

(1) **関東八カ国**…武蔵《むさし》（現・埼玉県と東京都、神奈川県東部）、相模《さがみ》（現・神奈川県中央部・西部）、上野（現・群馬県）、下野《しもつけ》（現・栃木県）、上総《かずさ》（現・千葉県中央部）、下総《しもうさ》（現・千葉県北部および茨城県南部）、安房《あわ》（現・千葉県南部）、常陸《ひたち》（現・茨城県北・東部）の八カ国。

(2) **東国の取次**…信長は一益を「東国奉行」に任じ、東北および関東の諸大名を臣従させる任務を与えた。室町幕府における関東管領のような役割を期待したようだ。

を訪れていた。陣中には、助三が従軍した織田信忠の軍とほぼ同数か、それ以上の将兵たちがひしめいている。そんななか、陣中で相撲に興じる一団があった。どうやら、信長の近習たちが賭け相撲をしているようだ。一団の中には、有岡城《ありおか》攻め(5)の時に顔なじみになった者も何人かいたので、助三は腕を試そうと参加を申し出た。

手綱一つの姿で助三が対戦相手を待っていると、なぜか相撲場を取り囲む者たちがニヤニヤしている。しばらくすると、近習たちの中から漆黒の肌をした牛のような大男が現れた。仰天《ぎょうてん》した助三は「待った」と言って後ずさりしたが、近習たちは助三の背中を押して相撲場に押し戻した。中には「弥助《やすけ》! 首を折ってやれ」などと乱暴な野次を飛ばす者までいる。助三は「これは勝負するしかあるまい」と観念し、腰を落として大男と見合った。

(3) **年を取ってから**…当時の一益は満年齢で五十八歳。
(4) **葡萄鹿毛の馬**…赤みがかった栗色の鹿毛の馬。
(5) **有岡城攻め**…羽柴秀吉《はしばひでよし》の軍に属していた荒木村重《あらきむらしげ》が信長に叛《そむ》き、天正六年(1578年)から同七年にかけて有岡城で行われた籠城戦。

▼信濃山中の行軍

天正十年三月二十八日（1582年4月20日）

この日の朝、織田信忠の軍は甲府を発ち、織田信長が陣を構える上諏訪へと向かった。おりしも空は厚い雲に覆《おお》われ、強風が吹き荒れていた。

大将の坪内利定の負傷により、一時的に滝川一益の指揮下にあった鉄砲足軽の喜平も、戦が終わったためその任を解かれて、信忠の行軍に従っていた。

もう春も半ばだというのに、この日は異常な寒さだった。そのうえ、東国の底冷えは故郷の美濃とは桁違いで、喜平は震えながら行軍していた。甲府への進軍時には雄

(1) **横殴りの豪雨**…『信長公記』には、この日の冷たい風雨が原因で「人余多寒え死に候ひき」と書かれている。

(2) **寝むしろ**…寝具として用いるほか、仮屋の屋根とする場合もあった。ほぐせば馬の餌にもなった。

(3) **諏方大明神のお怒り**…先述のとおり、信忠軍は武田攻めの途中で諏方大明神（現・諏訪大社）の上社本宮を焼き払っている。

(4) **打飼袋**…食料や所持品などを入れた携帯用の長袋。ウェストポーチのように腰に巻いて用いた。

大な姿を見せていた甲斐の山並みも、諏訪への復路では重い雲にその姿を隠していた。

甲斐と信濃の国境を越えたあたりで、横殴りの豪雨(1)となった。陣笠では雨を防げず、喜平は寝むしろ(2)を広げて頭から被《かぶ》ったが、それでも雨は全身を冷たく濡らす。喜平が寒さに震え、足や体の痛みに耐えて歩いていると、中には歩けなくなりうずくまる者や、倒れて動かなくなる者まで出てきた。喜平は「諏方大明神のお怒り(3)に違いねえ。とんでもねえことをしちまった」と後悔し、力が抜けて座り込んでしまった。

薄らいでいく意識の中に、美濃で喜平を待つ妻と娘や両親の顔が浮かんだ。喜平は「こんなところで死ねん」と腰に巻いた打飼袋《うちがいぶくろ》(4)から震える手で兵糧丸《ひょうろうがん》(5)を取り出してかじると、刀を杖《つえ》にして立ち上がった。

(5) **兵糧丸**…米やきな粉、そば粉、ごま、くるみなどを団子状に固めた携帯食。地域や大名ごとにレシピはさまざまだった。

▼旧武田領の知行割り

天正十年三月二十九日（1582年4月21日）

滝川一益への知行割りに続き、二十九日には武田攻めに参加した他の諸将にも旧武田領の分配が行われた。

武田家の重臣・穴山梅雪の内通を仲介した徳川家康《とくがわいえやす》には駿河一国、織田信忠軍の先陣を務めた森長可には信濃四郡（1）、団忠正には岩村、信忠に従い武田攻めの中核を担った河尻秀隆には甲斐一国と信濃一郡（2）、毛利長秀には信濃一郡（3）が与えられた。

また、武田方より内通して織田軍を支援した穴山梅雪は所領が安堵され、木曾義昌は所領の安堵のほか、信濃

（1）**信濃四郡**…高井《たかい》、水内《みのち》、更級《さらしな》、埴科《はにしな》。なお、それまで森長可の所領だった金山（兼山）は、米田島《よなだじま》（岐阜県加茂郡川辺町・八百津町）を追加して弟の森成利《なりとし》（蘭丸《らんまる》）に与えられた。

（2）**甲斐一国と信濃一郡**…甲斐一国のうち穴山梅雪に安堵された所領は除く。信濃一郡は諏訪。

（3）**信濃一郡**…伊那。

（4）**信濃二郡**…安曇《あずみ》、筑摩《ちくま》。

（5）**扶持米を支給**…『信長公記』の三月二十四日の項には、信長は菅屋長頼に命じて兵員名簿をまとめさせ、信

二郡(4)が追加で与えられた。

信長はこののち、富士山の麓を見物し、駿河、遠江を回って安土へ帰るとのことで、それに従う諸将を除く将兵たちは、諏訪から思い思いに国へ帰ることになった。

鉄砲足軽の喜平も、美濃へ帰る準備をしていた。滝川一益が足軽たちにも大量の扶持米《ふちまい》を支給(5)したので、美濃への帰途はもとより、帰ってからもしばらくは家族が食べるのに困ることはないだろう。

出陣時、喜平の足軽隊には百人余りが属していたが、高遠城での討死や行軍途中の怪我や病、先日の甲斐から諏訪への行軍途中の凍死などで、十人ほど減っていた。

喜平は足軽仲間たちとともに炊いた米を食べたあと、残りを握り飯にして打飼袋に入れ、近くを流れる川の水を水筒(6)に汲むと、仲間と連れ立って諏訪を発った。

濃の深志（現・長野県松本市内）で兵員分の扶持米を支給したとある。

(6) **水筒**…当時は真竹製の竹筒が一般的だった。江戸初期に成立した足軽の手引書『雑兵物語』には、水は一日一人あたり一升（約1・8ℓ）、米は六合、味噌は十人に二合、塩は十人に一合とある。

Column ③

武田勝頼と長篠の合戦の実相

武田勝頼《たけだかつより》というと、父・信玄《しんげん》の死後、長篠《ながしの》の戦いで織田・徳川連合軍に敗れ、武田家を滅亡に追い込んだ凡将というイメージを抱く人も多いだろう。しかし実際には、武田家は勝頼の時代に勢力範囲を拡大している。

信玄の死の翌年の天正二年（1574年）、勝頼は東美濃の明知《あけち》城や遠江《とおとうみ》の高天神《たかてんじん》城を落としている。しかし翌三年（1575年）の長篠の合戦に敗れ、信玄以来、武田家に仕えてきた有力武将を多数失った。これが原因で武田家の凋落《ちょうらく》が始まったと思われがちなのだが、実は、武田家がその領土を最大化したのはその五年後、上野国《こうずけのくに》（現・群馬県）の過半を制圧した天正八年（1580年）のことである。とはいえ、当時の武田家重臣の中には、勝頼の拡大路線を危ぶんで「無理な合戦は武田家を滅ぼす」と忠告する者もいたという。

ちなみに、長篠の戦いといえば武田騎馬軍団を織田軍が鉄砲の三段撃ちで撃退したという逸話が有名だが、実は、これは江戸初期の創作らしい。実際のところは、武田軍も織田軍と同程度の数の鉄砲を保有していたが、海外貿易の拠点となる堺を押さえていた織田軍は、鉛や硝《しょう》石《せき》など鉄砲戦術に必要な物資の大量輸入が可能だったため、総合力で武田軍を圧倒できたとする説もある。

天正十年（1582年）四月

——帰還——

「四月」の主な登場人物

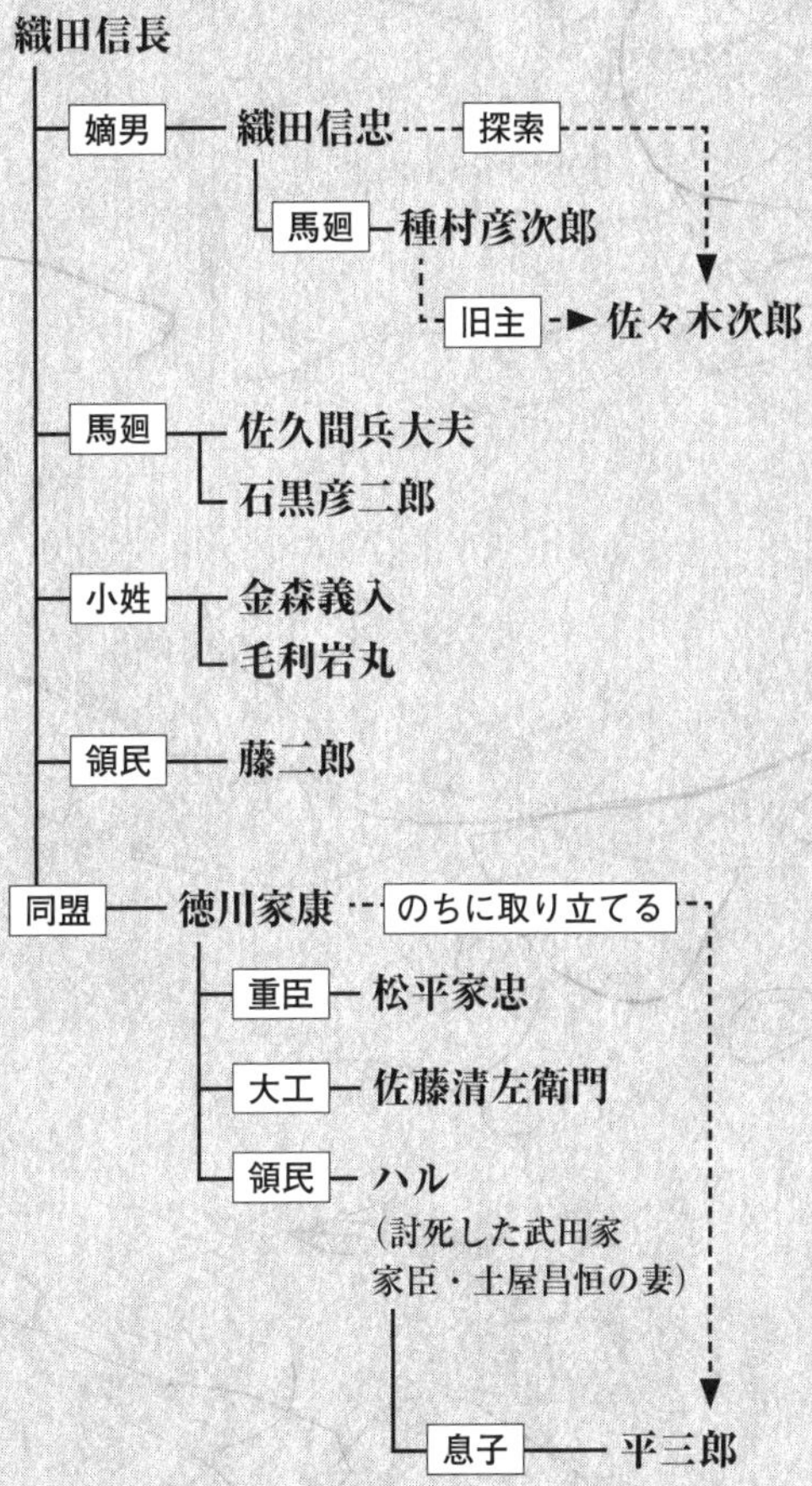

※上の図は「四月」に登場する主な人物に絞って掲載しています。上図掲載の人物を含め、本文に登場する人物はすべてp196〜205の「登場人物索引 兼 人物紹介」にて人物紹介文を掲載（五十音順）していますので、あわせてご参照ください。

※本文下の「注釈」のみで触れた人物については、「登場人物索引 兼 人物紹介」に掲載されていません。

霊峰を望む

天正十年四月二日～三日（1582年4月24日～25日）

この日、織田信長《おだのぶなが》は近習《きんじゅ》たちや槍衆、鉄砲衆などを率いて上諏訪《かみすわ》の陣を発ち、甲府《こうふ》を目指す予定だった。

冷たい雨が降っていたが、信長は予定を変えることを好まず、巳《み》の刻（午前十時前後）に上諏訪を出発した。他国衆や足軽たちはすでに国へ帰したので、せいぜい二千人ほどの行軍である。

佐久間《さくま》兵大夫《へいだゆう》も、他の馬廻衆とくつわを並べて信長の後ろに従っていた。防寒のために羽織った具足羽織《ぐそくばおり》（1）が濡れて重く感じるが、具足は従者に持たせているので、

（1）**具足羽織**…陣羽織のこと。武将が具足の上に羽織った衣服で、甲冑を風雨から守るほか、防寒具や威厳を示すための装飾品としても用いた。

（2）**箕輪城**…群馬県高崎市にあった平山城。東国御取次役として上野に入った滝川一益は、まず箕輪城に入り、その後、厩橋《まやばし》城（現・群馬県前橋《まえばし》市。前橋城の旧称）に移った。

（3）**御座所**…天皇や貴人などの居室。

諏訪まで行軍した時よりも随分と身軽に感じた。

この日は、諏訪から甲府までのちょうど中間地点にあたる大《だい》ガ原《はら》（現・山梨県北杜《ほくと》市台《だい》ヶ原《はら》）まで進んだところで信長一行は止宿した。

大ガ原では、上野箕輪《こうずけみのわ》城（2）から一時的に戻った滝川《たきがわ》一益《かずます》が先回りして、信長の御座所《ござしょ》（3）や同行する将兵たちのための仮小屋を建て、食事や酒を用意していたので、兵大夫は石黒彦二郎《いしぐろひこじろう》や菅屋勝次郎《すがやしょうじろう》・角蔵《かくぞう》兄弟らほかの信長近習たちと馳走を楽しみ、眠りについた。

翌三日の朝、晴天の下、大ガ原を発った信長一行が五町（約５４５ｍ）ほど進んだところで、前方の山間《やまあい》にひときわ雄大な秀峰が姿を見せた。春だというのに、その頂《いただき》から半分ほどは雪に包まれて真っ白である。兵大夫の横で馬を歩かせていた彦二郎が、「富士だ」と呟《つぶや》いた。

▼信長、甲府に入る

天正十年四月三日（1582年4月25日）

雄大な富士を前方に望みながらの行軍は、石黒彦二郎の心を沸き立たせた。今回の戦《いくさ》がなければ、このようなすばらしい景色を見ることは一生なかったかもしれない。安土《あづち》へ帰る途中には清須《きよす》の実家に立ち寄り、父母や弟たちに富士がいかにすばらしい山であるかを聞かせよう。そのあとは岐阜《ぎふ》の毛利《もうり》家にも寄って、キクに土産を渡そう。彦二郎がそんなことを考えながら馬を進めていると、いつの間にか新府《しんぷ》城の焼け跡に着いていた。

新府城の西面は崖と釜無川《かまなしがわ》が天然の要害となり、崖上

（1）**切岸**…山腹を垂直に削って人工の断崖とした防御施設。

（2）**堀**…敵から城を守るため、城のまわりを掘って造った防御用の溝。山城に多い空堀（水を入れない堀）は敵が上れないように深く狭く造り、平城に多い水堀（水を入れた堀）は敵がすぐに泳ぎ渡れないように幅広に造ることが多かった。

（3）**土塁**…敵の侵入を防ぐために土で築かれた堤防状の防壁。

（4）**曲輪**…周囲に切岸や堀、土塁などを設けて防御を固めた区域のこと。大

の緩やかな傾斜の城山には切岸《きりぎし》（1）や堀（2）、土塁《どるい》（3）などが巧みに配置され、本丸他の各曲輪《くるわ》（4）を守っている。もし、武田勝頼《たけだかつより》が十分な兵員を擁《よう》してこの城に籠もっていれば、落とすのは容易ではなかったはずだ。

しかし今は、未完成に終わった城は焼け、城下には住む人もなく、そのうらぶれた廃城の佇《たたず》まいに、彦二郎は盛者必衰《じょうしゃひっすい》の理《ことわり》を感じざるをえなかった。

新府城を発って半刻《はんとき》（一時間）ほど行軍していると、山々に囲まれた広大な盆地に出た。甲府である。

山沿いに盆地の北端を東へと行軍していくと、武田信玄《しんげん》の館跡（5）があり、先に甲府入りしていた織田信忠《のぶただ》が立派な仮御殿を普請していた。信長はここに陣を構えると、側近の丹羽長秀《にわながひで》、堀秀政《ほりひでまさ》、多賀貞能《たがさだよし》に休暇を与えたので、三人は草津《くさつ》（6）へ湯治に出かけた。

きな城の場合、本曲輪（主郭、本丸）の防御のため、そのまわりや下にも複数の曲輪が設けられた。

（5）**武田信玄の館跡**…躑躅ヶ崎館《つつじがさきやかた》（104ページ参照）。

（6）**草津**…群馬県の草津は古くから湯治場として知られており、源頼朝《みなもとのよりとも》や前田利家《まえだとしいえ》など歴史上の人物も数多く訪れている。古代には日本武尊《やまとたけるのみこと》が訪れたとの伝承もある。

▼恵林寺《えりんじ》を成敗

天正十年四月三日（1582年4月25日）

織田信忠の馬廻・種村彦次郎《たねむらひこじろう》は、この日、武田信玄の菩提寺である恵林寺（1）を包囲する軍に加わった。土地の者からの密告があり、この寺にかつて織田家に敵対した六角《ろっかく》氏の一族・佐々木次郎《ささきじろう》（2）が匿《かくま》われていることが発覚したのだ。そこで信忠は、津田元嘉《つだもとよし》（織田元秀《もとひで》）、長谷川与次《はせがわよじ》、関長安《せきながやす》、赤座永兼《あかざながかね》の四人を奉行に任じ、成敗のための軍を恵林寺に差し向けたのである。

彦次郎はかつて六角家の家臣だったため、次郎とも面識があった。そのため、同行を命じられたのである。彦

（1）**恵林寺**…山号は乾徳山《けんとくさん》。元徳《げんとく》二年（1330年）に夢窓国師《むそうこくし》（夢窓疎石《そせき》）が開創した古刹《こさつ》。武田信玄の菩提寺として知られる。

（2）**佐々木次郎**…六角義定《よしさだ》（六角次郎）。観音寺《かんのんじ》城主の六角義賢《よしかた》の次男。六角家の家督を継いだとする説もある。六角家から武田家家臣の穴山信君《あなやまのぶただ》（梅雪《ばいせつ》）への使者を務めたこともあり、この時期は、その縁から武田家を頼って恵林寺に匿われていたようだ。なお、匿われていたのは義定ではなく、兄の義治だったとする説もある。

次郎は、寺から逃げ出す者がいないか、また、寺の周囲に不審な者がいないか見張るよう命じられ、山門から少し離れた道沿いの竹林に潜み、あたりをうかがっていた。

一方、四人の奉行たちは槍衆や鉄砲衆を引き連れて恵林寺へ出向くと、次郎を引き渡すよう命じた。しかし、寺の者たちは応じなかったため、奉行たちは寺にいるすべての僧や奉公人を集めて山門《さんもん》(3)の上階へ上がらせると、門柱のまわりに刈草を積み上げ始めた。火をつけて、焼き殺そうというのである。山門の上では、幼い稚児《ちご》や若衆たちが泣きわめいていた。

槍衆たちが刈草に松明《たいまつ》を近づけると、ぱちぱちとはぜるような音を立て始め、あたりに黒煙が立ちこめていった。やがて、その黒煙で上階の僧たちの姿が見えなくなり、稚児たちの泣き声や、老若の僧たちが助けを求める

(3) **山門**…寺院の正門。三門とも書く。大寺院では二階造りの楼門とすることが多い。

叫び声だけがあたりに響き渡った。

しばらくして黒煙が少し静まった瞬間、刈草が一気に燃え上がり、すさまじい勢いで山門を焼き始めた。炎の勢いが増すほどに黒煙は薄まっていき、上階の欄干《らんかん》越しに、焼かれる人々の姿がありありと目視できた。

驚いたことに、名僧として名高い快川紹喜《かいせんじょうき》長老はまったく騒ぐことなく(4)、座したまま微動だにせず炎に焼かれていた。そのまわりでは、老若の寺の者たちがもつれ合い、あるいは躍り上がるようにして苦しみ悶《もだ》え、まるで地獄のような有様(5)だった。山門から少し離れたところにいた彦次郎ですら、人々が焼かれ苦しむむごたらしい姿を正視することはできなかった。

彦次郎が思わず顔を背けると、まだ薄く黒煙が漂《ただよ》う竹林の中を、供の者を連れて急ぐ商人のような風体《ふうてい》の男と

(4) **騒ぐことなく**…この時、快川国師が「心頭滅却すれば火もまた涼し(滅却心頭自火涼)」との偈《げ》(仏の徳や教えを讃える詩)を発したという逸話が有名だが、この話は江戸時代の創作で、事実ではない。
(5) **地獄のような有様**…『信長公記』には、この時、百五十人あまりが焼き殺されたと書かれている。
(6) **古那羅山**……山梨県山梨市の小楢山《こならやま》。古くは霊山として信仰され、夢窓疎石が修行した地とも伝わる。

目があった。紛《まぎ》れもなく、佐々木次郎であった。

どうやら次郎のほうでも、自分を見つめる男が、かつて自分に仕えていた種村彦次郎であることに気づいたようだ。次郎は、混乱に乗じて寺の一角に潜み、山門の惨状に人々が気を取られている隙に、首尾良く逃げ出してきたのであろう。

彦次郎は、男に向かって小さくうなずいた。男は、その意味を察したのか、静かにうなずき返すとくるりと背を向けて、供の者とともに古那羅山《こならやま》⑹のほうへと立ち去って行った。

今は織田家に仕える身として、次郎を見逃すことは裏切りに等しい行為であった。しかし、地獄のような光景を見た彦次郎には、もはや力を失ったかつての主君を死に追いやることは、空しいこととしか思えなかった。

▼集落の裏山

天正十年四月八日（1582年4月30日）

自分たちの手で村の家々を焼いてから約一カ月半、飯《いい》島郷《じまごう》の人々は皆で協力し合い、ようやく集落の住人すべての仮小屋を建て終えた。

この日、藤二郎《とうじろう》は母や姉、仲間の惣太《そうた》とともに集落の裏にある山に登った。母たちは、山を少し登ったところでワラビやゼンマイなどの山菜を採って籠に入れ始めたが、藤二郎と惣太は、薪《たきぎ》にする枯枝や、仮小屋の屋根の補修のための檜皮《ひわだ》(1)を集めるため、腰に鉈《なた》を差し、籠を背負ってさらに山を登っていった。

(1) **檜皮**…屋根葺《ふ》き材として用いられる檜の樹皮。この檜皮を用いて屋根を葺くのが檜皮葺《ひわだぶき》で、日本以外には類がない手法である。現在も神社を中心として檜皮葺の建造物は多数あるが、近年、檜や原皮師《もとかわし》（檜皮の採取を行う職人）の減少により維持保存が難しくなりつつある。

(2) **盗もうとしている**…山は当時の村落の生活を維持するうえで非常に重要な場所であったため、中世には山をめぐる村落同士の境界争いや利権争いが度々発生した。その際に、村人

途中、見晴らしのよい場所まで来たので村のほうを見下ろすと、田植えの準備で忙しそうな父たちの姿が小さく見えた。二人は「おーい」と呼びかけたが、二人の父は気づかぬまま、熱心に鍬《くわ》を振るっていた。

二人は枯枝を拾って背中の籠に入れながらさらに山を登り、四半刻（三十分）ほど歩いてようやく檜《ひのき》の林に着いた。檜の根元から皮を剥《は》いでいき、屋根の修理に十分な量の檜皮を集めた二人は、それを藁縄で巻いて二つの束にし、それぞれ小脇に抱えた。

山を下りようとした時、二人は見知らぬ男たちが少し離れた場所で檜皮を剥いでいるのを見つけた。隣村の男たちが檜皮を盗もうとしている(2)のかもしれない。二人は男たちに見つからぬよう息を潜めると、集落の人たちに知らせるため急いで山を下りた。

同士の暴力沙汰では収まらず、戦になることもあった。

▼信長、甲府を発つ

天正十年四月十日（1582年5月2日）

織田信長は、武田攻めの戦後処理や東国支配のための家臣たちへの指図をあらかた終えたため、この日、甲府を発つことにした。

旅の用意を整えた佐久間兵大夫は、同じ屋敷に止宿していた馬廻衆の石黒彦二郎や村田《むらた》庄兵衛《しょうべえ》、小山田弥太郎《おやまだやたろう》らと連れだって、信長の御座所がある武田信玄の館跡に向かった。館の前には、すでに槍衆や鉄砲衆が待機しており、ほどなくして馬に乗った信長が小姓衆を引き連れて館の門から出てきたので、一行は静かに出発した。

(1) **甲斐と駿河を結ぶ道**…甲斐の甲府と駿河の吉原を最短距離で結ぶ約二十里（約78㎞）の古道で、中道往還《なかみちおうかん》（右左口《うばぐち》路、甲駿《こうすん》街道とも）と呼ばれる。戦国期には武田家の軍用道としても活用されていた。

(2) **家臣たちを方々に配備し**…この時の徳川家康による信長一行へのもてなしはひとかたならぬもので、『信長公記』には、竹木を切り払って道を広くして石を取り払い、水をまき、道々の左右には隙間なく警護の者を置いたと書かれている。さらに先々

甲府の町は静まりかえっていた。戦が終わり、町には徐々に人々が戻ってきていたが、この日は余計な騒ぎを起こさぬよう家に籠もっているのだろう。

甲斐《かい》と駿河《するが》を結ぶ道（1）を南へと進む信長一行は、笛《ふえ》吹川《ふきがわ》にさしかかった。川には、帰陣する織田軍のために徳川家康《とくがわいえやす》が普請した真新しい橋が架けられていた。笛吹川を渡った信長一行は、ほどなくして着いた右左口《うばぐち》（現・山梨県甲府市右左口町《ちょう》）で、この日は宿営した。

諏訪から甲府への信長一行の行軍の際には、滝川一益が手厚い心配りをしていたが、甲府からは徳川家康が家臣たちを方々に配備し（2）、一益に勝る配慮で信長一行をもてなした。兵大夫たち馬廻衆も、家康の家臣たちがこの日のために普請した小屋で、陣中とは思えぬ贅沢《ぜいたく》な馳走と酒を楽しんだ。

（2）の宿泊地では丈夫な陣屋を普請し、二重三重に柵を設け、将兵のための小屋を千軒以上も建て、朝夕の食事の用意も家臣たちにぬかりなく手配させており、信長もそのもてなしぶりを「奇特」と評し感嘆したという。

▼富士野《ふじの》の行軍

天正十年四月十二日（1582年5月4日）

十一日の早朝に右左口を発った織田信長一行は、山間《やまあい》の道を行軍（1）して本栖《もとす》（山梨県富士《ふじ》河口《かわぐち》湖町《こまち》内）に陣を敷いた。本栖には信長の御座所や諸将のための無数の小屋が建てられており、この日も大層な酒と馳走が用意されていたため、佐久間兵大夫は心底感服した。

十二日、信長一行は日が昇りきらぬうちに本栖を発った。この日は冬のような寒さで、兵大夫が乗る馬も白い息を吐いて山道を進んでいった。

富士の裾野《すその》を南へと進んでいくと、富士野（2）に出た。

（1）**山間の道を行軍**…『信長公記』によると、この日、山道の途中の柏坂《かしわざか》（現・山梨県甲府市右左口町の迦葉坂《かしょうざか》のこと）の峠には徳川家によって休憩所が建てられており、酒肴が供されたという。

（2）**富士野**…富士の西南麓一帯の古名で、源頼朝が富士の巻狩りを行った地としても知られる。『信長公記』には「かみのが原・井出野《いでの》」とあり、現在の静岡県富士宮《ふじのみや》市上井出《かみいで》のあたりと思われる。信長はこの日、富士野にある人穴《ひとあな》（長さ約83ｍの溶岩洞窟）も見物している。

兵大夫と石黒彦二郎が富士を眺めながらくつわを並べて進んでいると、信長の後ろに従っていた小姓たちが行軍の列を離れ、富士野に散らばって馬を走らせ始めた。

雪を戴《いただ》いた雄大な富士を間近に望み、さらに、あたりは見渡す限り広大な草原である。あまりにすばらしい景観に、年若い小姓たちは我慢できなくなったのだろう。

今川孫二郎《いまがわまごじろう》や飯河宮松《いこうみやまつ》、薄田与五郎《すすきだよごろう》ら二十人ほどの小姓衆のあとを、彼らの統率《とうそつ》役で日ごろは冷静な森成利《もりなりとし》までが追いかけ、目一杯に馬を走らせてはしゃいでいる。十三歳の梶原松千代《かじわらまつちよ》も小さな体で馬を走らせ、心配した松千代の家臣・梶原又右衛門《またえもん》が必死の形相《ぎょうそう》でそれを追いかけている。その滑稽《こっけい》な情景を見て兵大夫と彦二郎は大いに笑った。信長も馬を歩ませながら、愛馬を縦横無尽に走らせてはしゃぐ小姓たちを満足げに眺めていた。

▼駿河の景勝

天正十年四月十三日（1582年5月5日）

前日の夜、浅間《せんげん》神社（1）に宿営した信長の一行は、翌十三日、早朝に発ち、安土を目指して西へと行軍していった。

馬に乗ってゆっくりと進む信長の傍《かたわ》らには、黒人の大男・弥助《やすけ》が徒歩で付き従っている。異人を見たことがない駿河の人々は、遠巻きに弥助を見て指を差したり、目を見開いたりして驚いていていた。

信長一行は左手に足高山《あしたかやま》（2）を望みながら田子《たご》の浦まで行き、富士川を越えた。さらに進んで神原《かんばら》（現・静岡

（1）**浅間神社**…現在の富士山本宮浅間大《ほんぐうせんげんたい》社《しゃ》。全国に千三百あるとされる浅間神社の総本宮で、駿河国一宮。

（2）**足高山**…愛鷹山《あしたかやま》。富士山の南東に位置する標高1504mの火山。

（3）**御茶屋**…休憩所。この御茶屋は後に整備され、徳川将軍が東海道往来の際に使う宿舎「蒲原御殿」になったが、寛永《かんえい》十一年（1634年）以降は使われなくなった。

（4）**国境付近の様子や城**…『信長公記』には、信長が土地の人に「興国寺《こうこくじ》、吉原《よしわら》、三枚橋《さんまいばし》、鐘突免《かねつきめん》、天神川《てんじんがわ》、伊豆・相模の境目にこれある深沢の城」について尋ね聞いたとの記述がある。深沢城（現・御殿場《ごてんば》市）は、織田家による武田攻めの際に城主の駒井昌直《こまいまさなお》が火をかけて退去し、その後、徳川家が北条氏への備えとして再建した。

（5）**三保ガ崎の景勝**…信長一行は他にも

県静岡市蒲原町《かんばらちょう》）に着くと、海沿いに徳川家康の家臣たちが御茶屋（3）を設けていたため、一行は馬を止めしばし休んだ。

目の前には穏やかに白波を立てる駿河湾が広がり、北東を望めば富士が、南東を望むと湾を挟んで伊豆《いず》の山々が見渡せた。見事な景勝だが、この地はわずか十年ほどのうちに今川家、武田家、そして徳川家と領主がめまぐるしく変わり、今は織田家と協力関係にあるとはいえ、関東に勢力を張る大大名の北条《ほうじょう》氏が領する伊豆や相模《さがみ》との国境も近い。そのため信長は、土地の者に国境付近の様子や城（4）のことなどを熱心に尋ねた。

その後、信長一行は海沿いを進んで三保《みほ》ガ崎《さき》の景勝（5）を楽しみ、久能《くのう》城（6）を訪れたのち、この日、止宿する予定の江尻《えじり》城（7）へと向かった。

三保の松原や羽衣の松なども訪れている。なお、信長が見た初代の羽衣の松は、宝永《ほうえい》四年（1707年）の富士宝永噴火の際に海中に没したと伝わる。

（6）久能城…静岡県静岡市にあった山城。駿河に侵攻した武田信玄により久能《くのう》寺《じ》があった場所に築かれたが、武田攻めの際に城主の今福虎孝《いまふくとらたか》が自刃、その弟の昌和も高遠城で戦死して徳川家康の城となった。家康が死ぬと遺命によりこの地に葬《ほうむ》られて久能山東照宮となったが、その後、家康は日光に改葬された。

（7）江尻城…静岡県静岡市にあった平城。武田家家臣の馬場信春《ばばのぶはる》が築城。武田攻めの際には穴山信君（梅雪）の子・勝千代《かつちよ》（信治《のぶはる》）が城代を務めていたが、梅雪が織田・徳川方に内通したため開城・降伏した。

▼江尻城下の行軍

天正十年四月十三日（1582年5月5日）

夫の土屋昌恒《つちやまさつね》が武田勝頼に殉《じゅん》じるため密かに姿を消した三月三日、ハルは息子の平三郎《へいざぶろう》とともに新府を発った。そして四日の旅を経て、今は亡き父・土屋備前守《びぜんのかみ》（1）の縁を頼り、この日まで幼子《おさなご》とともに土屋家の菩提寺である楞厳院《りょうごんいん》（2）に身を寄せていた。

申《さる》の刻（午後四時前後）ころ、ハルは平三郎の手を引いて楞厳院の裏門を出た。織田信長の一行が江尻城に止宿するため、夕方ころに近くの街道を通るとの噂を聞き、その姿を息子に見せておこうと思ったからだ。

（1）**土屋備前守**…土屋（岡部《おかべ》）貞綱《さだつな》。駿河の岡部氏の一族で、武田家家臣・土屋昌恒の義父。もとは今川氏真《うじざね》の家臣だったが、武田家に属したのち甲斐の土屋家を継承し、清水湊《しみずみなと》の宰領および船手《ふなて》奉行となった。天正三年（1575年）の長篠の戦いで戦死。

（2）**楞厳院**…静岡県静岡市にある寺院。岡部貞綱（土屋備前守）の開基で、その貞綱が深く帰依《きえ》した道白《どうはく》禅師（笑山宗誾《しょうざんそうきん》大和尚）を開山に迎えて弘治《こうじ》元年（1555年）に創建され

武士の妻として夫の死は覚悟のうちであり、ハルは織田家も信長も怨んではいなかった。しかし息子には、どんな男が武田家や父・昌恒を亡き者にしたのか、しっかりと目に焼き付けておいてほしいと考えたのだ。

ハルと平三郎は、江尻城下を流れる巴川《ともえがわ》(3)の畔《ほとり》で信長を待った。江尻城へと続く街道沿いには、ほかにも多くの見物人が信長一行を一目見ようと集まっていた。

やがて日が落ち始めたころ、鉄砲衆を先頭にした信長一行がやってきた。その後に弓衆が続き、さらにその後ろに小姓衆や馬廻衆を従えた信長の姿が見えた。馬に乗って進む信長の傍らには、並外れて大きな体をした黒い肌の異人が徒歩で付き従っている。

信長は沿道の人々には目もくれず、固く手を握り合ったハルと平三郎の目の前を通り過ぎていった。

(3) **巴川**…静岡市の葵《あおい》区北部に源を発して清水区市街地を貫流し清水港に注ぐ河川。江尻城は巴川の蛇行を利用して外堀とした。

▼舟橋《ふなばし》の設営

天正十年四月十四日（1582年5月6日）

払暁《ふつぎょう》のころ、浜松《はままつ》大工衆(1)の棟梁《とうりょう》の一人・佐藤清左衛門《さとうせいざえもん》は、大工や人足、船頭たちを率いて天竜川《てんりゅうがわ》に舟橋(2)を架ける手はずを整えていた。織田信長一行は、この日すでに江尻城を発っており、二日後の十六日には天竜川に到着するだろう。それまでに、数百頭の馬を渡すことのできる舟橋を完成させなくてはならない。

浜松側の土手の上では、信長一行のための御座所や小屋の普請を統括する松平家忠《まつだいらいえただ》が、舟橋設営の奉行を務める小栗吉忠《おぐりよしただ》と何やら話し合っている。

(1) **浜松大工衆**…浜松を拠点とした大工衆で、浜松城の築城にも携わった。その後、家康とともに江戸に移住し、江戸城やその城下町の建設に従事した者も多かった。

(2) **舟橋**…河川に多くの舟を並べ、その上に板を敷いて造った橋。

昨晩まで川の両岸に繋留されていた無数の小舟は、それぞれ数百本の大綱で結ばれ、両岸から舟をこぎ寄せる船頭や大工によって川の中央で繋がれようとしていた。舟を繋げた後には、すでに両岸に積まれている杭や荒縄で川底に固定し、舟の上に板を敷き並べれば、この日のうちに舟橋はほぼ完成するだろう。

舟を繋いだ船頭たちが川岸に戻ってくると、清左衛門は待機していた大工や人足たちへの指示を息子の清十郎《せいじゅうろう》に任せ、土手の上から架橋を監督する吉忠のもとへ普請の報告に行った。先ほどまでいた家忠の姿はすでになく、深溝《ふこうず》（現・愛知県幸田町内）に発ったのだという。

吉忠への報告を終えた清左衛門は、数百人の大工や人足たちに指示を出す息子の姿を土手の上から眺めながら、「そろそろ清十郎に棟梁を任せるか」と考えていた。

▼徳川家康の献身

天正十年四月十六日（1582年5月8日）

十四日の夜明け前に江尻城を発った織田信長の一行は、同夜は田中城《たなか》（1）に止宿し、翌十五日には大井川《おおいがわ》を渡って（2）懸川《かけがわ》（現・静岡県掛川市《かけがわ》）に陣を取った。

十六日の早朝、懸川を発つと、武田軍と徳川軍が攻防を繰り広げた要害・高天神城《たかてんじん》（3）を左手に眺めながら馬を進め、天竜川に至った。

川幅が四町《ちょう》（約436m）はあろうかという大河には、舟を繋ぎ合わせて築いた堅固な橋が架けられていた。この舟橋を見て森成利は、徳川家康による信長への献身ぶ

（1）**田中城**…静岡県藤枝市にあった平城。武田攻めの際に徳川軍に攻められたが、城主の依田信蕃《よだのぶしげ》が勝頼の死後まで守り抜き、その後、穴山梅雪の説得で開城した。

（2）**大井川を渡って**…大井川は駿河（現・静岡県中部）と遠江（現・静岡県西部）の国境を流れる河川で、信長一行は大勢の人足たちに担がれて渡ったようだ。江戸期になってからも、家康は防衛のため大井川に橋を架けなかったので、東海道最大の難所として知られた。

りに舌を巻いた。家康は、今回の知行《ちぎょう》割りで駿河一国を与えられたとはいえ、武田攻めの出費もかさんだはずだ。さらに領国の人々を集めてこの橋を架けるだけでも、莫大な出費を要したはずである。

その上、信長一行の先回りをして道を整備し、毎晩の宿泊のための御座所や小屋を建て、休憩のための御茶屋や厩まで普請し、それればかりか毎日、諸国から集めた馳走(4)を信長とその一行ために手配するなど、その出費と労力は並々ならぬものであったはずだ。

舟橋を渡り終えた森成利が、信長の乗馬に馬を寄せ「少将様(5)のご尽力、得がたいことでござります」と伝えると、信長は「うむ」とうなずき、「西尾《にしお》に用立てさせておいた兵糧(6)だが、もう不要ゆえ、少将殿の家臣たちに分け与えよ」と成利に命じた。

(3)**高天神城**…静岡県掛川市にあった山城で、難攻不落の名城として知られる。天正二年(1574年)と天正八~九年(1580~81年)の二度にわたって、徳川軍と武田軍がこの城をめぐり攻防を繰り広げた。

(4)**諸国から集めた馳走**…信長とその側近たちには、地元で献上された食材ばかりでなく、京や堺から取り寄せた最高級の食材が供されたという。

(5)**少将様**…家康のこと。当時の家康の官名「左近衛権少将」から。

(6)**西尾に用立てさせておいた兵糧**…武田攻めの前年の天正九年、信長は西尾義次(信長の側近の一人。本能寺の変後、家康に仕えていた時に秀吉より「吉」の諱字を与えられ「吉次」と改名した)に命じて黄金五十枚と兵糧八千俵を調達し、浜松城に入れていた。

▼馬廻衆の帰陣

天正十年四月十六日〜十八日（1582年5月8日〜10日）

織田信長の一行は、天竜川を渡ったのち申《さる》の刻（午後四時前後）ころに浜松に着いた。信長は、ここで馬廻衆と小姓衆に暇を出して先に安土へ帰陣することを許したため、以後は弓衆と鉄砲衆、一部の側近のみが、信長に付き従って安土まで供をすることとなった。

馬廻の石黒彦二郎は、佐久間兵大夫と連れだって本坂《ほんざか》峠（1）を越える道筋で、安土へ帰ることにした。

二人は従者たちに金を渡して好きに帰るよう伝えると、並んで馬を歩かせ、この日は追分《おいわけ》（現・静岡県浜松市内）

（1）**本坂峠**…現・静岡県磐田《いわた》市見付《みつけ》と愛知県豊川《とよかわ》市御油町《ごゆちょう》を結ぶ姫《ひめ》街道にある峠で、難所として知られた。浜松から安土へ帰るルートはこの本坂越えと、今切《いまぎれ》（浜名湖の湖口部）で浜名湖を渡るルートがあった。

（2）**湯漬け**…ご飯にお湯をかけたもの。信長が好んで食べたことでも知られる。

（3）**むつ田川**…岡崎城下を流れる乙川《おとがわ》のこと。

で一泊した。

　十七日の朝、彦二郎と兵大夫は追分を発ち、午《うま》の刻（正午前後）ころに本坂峠に着いたので、峠の茶屋で湯漬け（2）を食べて休憩したのち、この日は岡崎《おかざき》まで馬を走らせた。岡崎城下のむつ田川（3）と矢作川《やはぎがわ》には、すでに信長一行のための新橋が架けられており、二人は騎乗のまま川を渡ることができた。

　十八日、二人は払暁のうちに岡崎を発ち、池鯉鮒《ちりゅう》（現・愛知県知立《ちりゅう》市）で朝飯がてら休憩したのち、馬を走らせてその日のうちに清須《きよす》に着いた。清須は二人が幼少期をともに過ごした地である。彦二郎の父母は今もこの地にいるが、兵大夫の父母はすでに亡く、兄弟ほかの縁者も今はこの地にいない。二人は、この日は清須の石黒家に泊まり、明朝は別れてそれぞれ安土に帰ることにした。

▼池鯉鮒《ちりゅう》での見送り

天正十年四月十八日～十九日（1582年5月10日～11日）

この日、松平家忠は織田信長の一行を警護する徳川家中を指揮しながら、池鯉鮒まで赴く予定だった。

信長がまだ甲府に陣を置いていた時、家忠は徳川家康から、甲府から岡崎に至る信長一行の道中の陣屋などを抜かりなく普請するよう命を受けていた。そのため、信長一行が甲府を発ってからこの方、先々の宿泊予定地に三河衆や遠江衆を派遣し、各地で大工や人足を手配する一方、自らも現場で普請を指揮してきた。この半月ほど落ち着く暇なく立ち働いてきたが、この日の信長一行の

(1) **刈谷城**…現・愛知県刈谷市にあった平城。城主の水野忠重はもともと信長の家臣だったが、その後、徳川家康に仕え、この当時は織田信忠に仕えていた。また、水野忠重の姉は家康の生母である。

警護を終えれば、ようやく一息つくことができるだろう。

後方の警護を担当する者から、信長一行がむつ田川と矢作川に架けた橋を何ごともなく渡ったとの知らせを受け、家忠はようやく大任を終えたと思い、安堵した。

信長一行より先に池鯉鮒に着いた家忠は、刈谷《かりや》城(1)の城主・水野《みずの》忠重《ただしげ》に警護や接待の引き継ぎをしたのち、この日は忠重が手配してくれた屋敷で骨を休めた。

翌十九日、家忠は信長一行を見送るため夜明け前に起床した。普請の指揮などで常に先回りしていたため、家忠が信長一行を見るのは、この日が初めてである。

雨が降る中、家忠が陣屋前で控えていると、信長一行は未明のうちに出発した。信長は、家忠も噂に聞いていた黒人の大男に南蛮風の大きな傘を持たせて雨をしのぎながら、街道を清須方面へと行軍していった。

▼元服《げんぷく》の儀

天正十年四月二十五日（1582年5月17日）

織田信長の一行は、十九日に池鯉鮒を発ったのち清須まで進み、翌日には岐阜に至り、二十一日に安土に帰陣(1)した。

一方、先発隊として織田信忠とともに武田攻めを行った滝川一益、河尻秀隆《かわじりひでたか》、森長可《もりながよし》、団忠正《だんただまさ》らはそれぞれ新たな封地《ほうち》へ入り、信忠の軍も岐阜に戻った。

二十五日、岐阜城下の伊奈波《いなば》神社では、武田攻めから帰陣した信忠の小姓・金森義入《かなもりぎにゅう》の元服の儀(2)が行われた。直垂《ひたたれ》(3)姿の義入は拝殿で修祓《しゅばつ》を受けると、烏帽子《えぼし》

(1) **安土に帰陣**…岐阜から安土へと帰陣する途中、信長は稲葉一鉄《いなばいってつ》、織田信《おだのぶ》高《たか》、菅屋長頼《すがやながより》、丹羽長秀、山崎秀家《やまざきひでいえ》らの出迎えを受けた。また、休憩所や道中でも京都や堺、畿内や近隣諸国から大勢の国衆や商人らが陣中見舞いに訪れ、さまざまな進物が献上されたという。

(2) **元服の儀**…男子が成人になったことを示す儀式。十一歳から十六歳の間に行われることが多かった。

(3) **直垂**…中世後期から近世に武家の礼装とされた上衣と袴からなる衣服。

親《おや》(4)を務めるべく所領の大野《おおの》郡(現・福井県大野市)から駆けつけた父・金森長近《かなもりながちか》の前に座った。

理髪《りはつ》の役(5)の毛利良勝《もうりよしかつ》が前髪を剃り落とし、打乱箱《うちみだりのはこ》の役(6)を買って出た毛利岩丸《もうりいわまる》が、落ちた髪を箱に収めていった。泔杯《ゆするつき》の役(7)の佐々清蔵《さっさせいぞう》が米のとぎ汁を入れた桶を長近の足下に置くと、良勝はそのとぎ汁で義入の残った髪を整えて紫の紐で結い上げ、髷《まげ》を作った。

長近が良勝から烏帽子を受け取り、義入の頭に被せて鉢巻を締めると、岩丸と清蔵が鏡台(8)を義入の前に据え、烏帽子を被った自分の姿を見せた。

儀式を終えると、長近は硯で墨を摺り、美濃紙《みのがみ》(9)に「長則《ながのり》」としたためた。義入の元服名《な》(10)である。五人は神前で三献の儀を行い、その後、義入改め長則は、信忠に元服の報告をするため、父とともに岐阜城に赴いた。

(4) **烏帽子親**…成人に際して立てられる仮親のことだが、実際には実父が引き受けることも多かった。

(5) **理髪の役**…髪を結う役。烏帽子親が被せるための烏帽子を持つ「烏帽子の役」が兼ねる場合が多かった。

(6) **打乱箱の役**…理髪で落とした髪を収納する箱を扱う役。

(7) **泔杯の役**…理髪後に髪を整えるために使用する米のとぎ汁を入れる容器を扱う役。

(8) **鏡台**…鏡台を扱う役を「鏡台并鏡《きょうだいならびかがみ》の役」といった。

(9) **美濃紙**…美濃国(現・岐阜県)を原産とする紙の総称。美濃は古くから和紙の名産地として知られていた。

(10) **元服名**…元服を期に幼名を改めて名乗る名前。烏帽子名や実名などともいう。

Column ④

戦国を生きた黒人侍「弥助《やすけ》」

本書に登場する黒人侍の「弥助」は、実在した人物である。『信長公記』の天正九年二月二十三日の項には、「きりしたん国より黒坊主《くろぼうず》参り候《そうろう》。年の齢《よわい》二十六、七と見えたり。総の身の黒き事牛の如し。かの男、健やかに器量なり。しかも強力《ごうりき》十の人に勝《すぐ》れたり」とある。

弥助の出身地は東アフリカのモザンビークとする説が有力で、同地のポルトガル軍司令官が、来日前のイエズス会の巡察師ヴァリニャーノに寄進したという。

1581年の『イエズス会日本年報』には、「織田信長は弥助を殿（城主）に据える心づもりのようだ」と書かれており、奴隷や年季奉公といった身分ではなく、正式に武士として取り立てられていた。

弥助が武田攻めに従軍したことも史実で、松平家忠《まつだいらいえただ》の『家忠日記』の天正十年四月二十日の項には、信長に付き従う弥助を見たとの記述がある。

本能寺の変の際、弥助は信長とともに本能寺に宿泊していた。六月二日、明智光秀の襲撃に遭うと弥助は寺を抜け出し、二条新御所《にじょうしんごしょ》に入った織田信忠のもとに参じて長いこと戦っていたというが、最後は明智家の家臣に刀を差し出して処刑を免れた。弥助の身柄は京都の南蛮寺《なんばんじ》に送られたというが、その後の消息はわかっていない。

天正十年（1582年）五月〜六月 ―転変―

「五月〜六月」の主な登場人物

織田信長

- 嫡男 ― 織田信忠 …… ともに上洛 …… → 徳川家康・穴山梅雪
- 重臣 ― 惟任日向守（明智光秀） …… 接待役を務める …… → 徳川家康・穴山梅雪
  - 家臣 ― 斎藤利三
    - 足軽 ― 長兵衛
- 家臣 ― 村井貞勝（京都所司代）
- 家臣 ― 松井友閑（堺政所代官）
- 馬廻 ― 佐久間兵大夫 …… 馴染み …… → アオイ
- 馬廻 ― 石黒彦二郎 …… 許婚／妻 …… → キク
- 客人 ― 徳川家康
- 客人 ― 穴山梅雪
- 領民 ― 藤二郎

※上の図は「五月〜六月」に登場する主な人物に絞って掲載しています。上図掲載の人物を含め、本文に登場する人物はすべてp196〜205の「登場人物索引 兼 人物紹介」にて人物紹介文を掲載（五十音順）していますので、あわせてご参照ください。

※本文下の「注釈」のみで触れた人物については、「登場人物索引 兼 人物紹介」に掲載されていません。

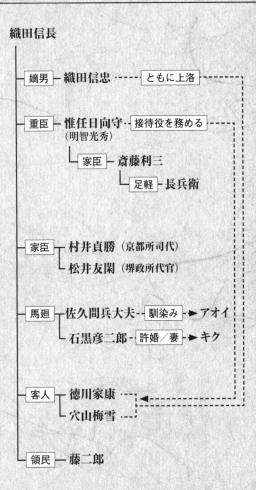

▼安土城下での婚礼

天正十年五月一日（1582年5月22日）

平時は岐阜城下の屋敷で家族とともに過ごすことの多い毛利良勝《もうりよしかつ》だが、身分としては織田信長《のぶなが》の直臣《じきしん》（1）のため、安土城下にも屋敷が与えられていた。

婚礼の日、石黒彦二郎《いしぐろひこじろう》の許嫁《いいなずけ》（2）のキクは、その安土城下にある毛利家の屋敷で、両親や兄の岩丸《いわまる》とともに婚礼のお迎え役（3）を待っていた。

巳《み》の刻（午前十時前後）ころ、お迎え役の者たちが毛利家の屋敷に到着した。その中には、婿側の石黒家とは身内も同然の付き合いで、キクや岩丸とも顔なじみの佐《さ》

（1）**直臣**…直属の家臣。家臣の家臣は陪《ばい》臣《しん》、又者《またもの》、又家来《またげらい》などと呼ぶ。

（2）**許嫁**…当時の武家の婚礼は、許婚制度によるものが多かった。また、大名やその重臣たちにいたっては、ほとんどが政略結婚だった。

（3）**お迎え役**…新郎側が新婦を迎えるためにつかわす使者。

（4）**新婦が現れるのを待った**…新婦側は、家で新婦が大切にされていることを示すため、儀礼として使者を数時間待たせるのが通例だったという。

（5）**送り役**…新婦側が花嫁を送り出すた

久間兵大夫《くまへいだゆう》の姿もあった。表座敷に通されたお迎え役たちは、侍女たちが運んできた酒や馳走を食しながら新婦が現れるのを待った**(4)**。

申《さる》の刻（午後四時前後）ころ、ようやく良勝が現れてお迎え役たちに労《ねぎら》いの言葉をかけたのち、白無垢《しろむく》を着た花嫁のキクが送り役**(5)**を従えて姿を見せた。

それから半刻《はんとき》（一時間）ほどして、花嫁を乗せた輿《こし》が同じく安土城下の彦二郎の屋敷前に到着すると、馬に乗って輿を先導していたお迎え役が退き、門火《かどび》**(6)**が焚《た》かれた門の前で請取渡《うけとりわた》しの儀**(7)**が行われた。

続いて、花嫁の輿が祝儀品や輿入れ用の衣類などを運んできた小者たちとともに屋敷の中へ入ると、輿寄《こしよせ》の儀**(8)**が行われ、輿を降りた花嫁は祝言《しゅうげん》が行われる座敷へと進み、上座へと案内された。

めにつけた警護の武士。

(6) 門火…祝言を行う日、新郎側の屋敷では新婦を迎えるため、門前に松の木を組んで火を焚く習わしがあった。

(7) 請取渡しの儀…新婦の輿が新郎の屋敷に到着した際、新婦を受け渡すために行われた儀式。

(8) 輿寄の儀…請取渡しの儀ののち、輿寄の儀でようやく花嫁が輿を降りた。

しばらくすると白い直垂《ひたたれ》(9)に烏帽子《えぼし》姿の彦二郎が現れて花嫁のキクと向かい合って座り(10)、侍女たちが式《しき》三献《さんこん》の膳を二人の前に並べた。

二人は侍女によって酒がつがれた三つの盃を、互いに一杯につき三度ずつ、九度飲み干した(11)。

こうして祝言の儀が終わると、彦二郎とキクは座を立って前庭に行き、手水《ちょうず》(12)を使って身を清めると、侍女に導かれて布団が敷かれた寝所に入った。

翌日、色直しの衣裳(13)を着たキクは、彦二郎に伴われて石黒家の親族たちと対面し、舅や姑、彦二郎の弟たちに小袖《こそで》を贈った(14)。舅の石黒弥太郎《やたろう》と姑のフクは祝いの言葉をかけて、二人を安土城へと送り出した。

半刻(一時間)ほど後、表御殿《おもてごてん》で二人が信長に目通りすると、信長は「ますます励《はげ》め」と彦二郎に言い、あら

(9)**白い直垂**…当時の婚礼では婿も白い衣裳を着た。

(10)**向かい合って座り**…当時は向かって右側が左側より格上とされていたため、現代とは逆で向かって右に花婿が、左に花嫁が座った。

(11)**九度飲み干した**…式三献の儀礼。現代にも伝わる「三三九度《さんさんくど》」のルーツとされる。

(12)**手水**…手や口を水で清めること。

(13)**色直しの衣裳**…祝儀を終えた新郎新婦は、白装束を脱いで縁起のよい色の衣裳に着替えた。大名家など上級の武家の婚礼では二日目まで白装束で過ごし、三日目に色直しをして宴会(現代の披露宴)が行われたという。

(14)**小袖を贈った**…婿の家に嫁いだ花嫁は、婿側の家族や屋敷に仕える者たちに、小袖や樽、布などを贈る慣習

かじめ森成利《もりなりとし》に持たせていた祝儀の品を二人に与えた。

城を退いた二人が屋敷に戻ると、小者や侍女たちが忙しく立ち働いており、宴席の用意が整いつつあった。

御披露の儀には、毛利家の親族やキクのお迎え役を引き受けた佐久間兵大夫のほか、菅屋勝次郎《すがやしょうじろう》、遠山新九郎《とおやましんくろう》、沼間孫兵衛《ぬままごべえ》ら彦二郎と年の近い馬廻たちや厩別当《うまやべっとう》の青地《あおち》与右衛門《よえもん》、さらには矢部家定《やべいえさだ》、多賀貞能《たがさだよし》といった古参の信長側近たちも祝儀の品を手にして屋敷を訪れて、二人の婚姻を祝った。酒宴が進むと、あまり酒に強くない兵大夫は深酔いしてしまい、幼なじみの婚姻に感激して男泣きし始めた。

御披露目の儀はなおも続いていたが、宴の途中でキクは中座して、屋敷の台所へ行き小者や侍女たちに持参した布を手渡し、彦二郎も彼らを労って酒を振る舞った(15)。

(15) **酒を振る舞った**…当時、中流の武家の婚礼では、女中や小者などにも酒が振る舞われ、家全体で祝う風習があったという。

村の節句（礫《つぶて》打ち）

天正十年五月五日（1582年5月26日）

藤二郎《とうじろう》は、惣太《そうた》ら同じ集落の子どもたちとともに中田《なかた》切川《ぎりがわ》(1)に向かっていた。隣村の子どもたちと礫打ち(2)をするためだ。子どもたちは相手の投石から身を守るため、鍋の蓋や下駄を手にしていた。

去年まで礫打ちの大将は飯島《いいじま》城(3)主の息子・小太郎《こたろう》だったが、三月の戦の時に父・飯島民部少輔《みんぶのしょう》(4)とともに高遠城に籠もって死んでしまったため、今年は集落の子どもたちのまとめ役の与吉《よきち》が大将になった。

藤二郎たちが中田切川の河原に着くと、対岸にはすで

(1) **中田切川**…現・長野県駒ヶ根《こまがね》市と上《かみ》伊那《いな》郡飯島町《いいじままち》を流れる川で、平野部で天竜川《てんりゅうがわ》に注ぐ。

(2) **礫打ち**…子どもや若者たちが二手に分かれて石を投げ合う石合戦のこと。印地《いんじ》打ちともいい、豊凶を占う行事だったとも言われている。五月五日の端午《たんご》の節句に行われることが多く、怪我人はもとより死者が出ることもあった。あまりにも危険なため寛永《かんえい》年間（1624〜44年）に幕府が禁止したことで、礫打ちの風習は衰退していった。

に隣村の子どもたちが集まっていた。相手の人数は三十人ほどで、藤二郎たちとほぼ同数だ。川を挟んで対峙した子どもたちは、それぞれ河原から拾った手頃な石を握ってにらみ合いながら、川幅の狭いところを探して川の上流へと移動し始めた。

やがて川幅が六間《けん》（約11m）ほどの浅瀬にたどりつくと、相手の大将が、藤二郎たちがいる岸に向かって石を投げてきた。集落の仲間たちはあわてて石を投げ返そうとしたが、与吉が「待て！」とみんなを制して、「ここは後ろが崖で河原が狭いから不利だ。応戦しながらあそこまで行かず(5)」と、さらに上流の広い河原を指さした。

与吉が「藤二郎と惣太は殿《しんがり》(6)だ！」と命じたので、二人は鍋の木蓋を楯《たて》にして飛んでくる石を避けながら、上流を目指して進む味方の最後尾で応戦した。隣村の子

(3) **飯島城**…現・長野県飯島町にあった平山城。別名は本郷《ほんごう》城。織田家による武田攻めの際に落城し、廃城となった。

(4) **飯島民部少輔**…名は為次《ためつぐ》（重家《しげいえ》とも）。武田攻め当時の飯島城主。武田勝頼《たけだかつより》の要請に従い息子（系図では弟とも）の小太郎《こたろう》とともに大島城に籠もり、その後、高遠城に入ったが父子（あるいは兄弟）とも討死した。

(5) **行かず**…信州弁で「行こう」という意味。

(6) **殿**…退却などをする際、軍の最後尾で敵の追撃に備えること。

どもたちも、対岸から次々と石を投げつけながら追いかけてくる。

広い河原までくると、藤二郎たちは石を拾って一気に反撃した。相手の石礫もますます数と勢いを増してくる。そのうちの一つが、味方の中で一番年少の源次郎《げんじろう》の頭に当たった。さらに、うずくまった源次郎を助けようと近づいた惣太も、脛《すね》に石を受けて倒れ込んでしまった。

藤二郎は惣太と源次郎に駆け寄ると、近くにあった大きな岩の陰に二人を連れて行き隠れさせた。近くで見ると、源次郎の額はべっとりと血で濡れている。

藤二郎が「大丈夫か？」と声をかけると、惣太と源次郎は痛そうな表情をしながらも頷《うなず》いた。

早くも二人の怪我人を出してしまったので、そろそろ奥の手を出す時かもしれない。実は、藤二郎たちはこの

(7) 攻めず…信州弁で「攻めよう」という意味。
(8) 縄石…投石時の威力を増すために石に藁縄を結んだもの。藤二郎たちの造語。

日に備えて、密かに藁縄に結わえた石を投げる練習を集落の裏山でしていた。そして、集落の子どもたちはみんな、この日の切り札として縄に結んだ石をいくつか懐《ふところ》に忍ばせていた。

藤二郎が与吉に近づいて、「そろそろ一気に攻めず(7)」とささやくと、与吉は頷いて「縄石《なわいし》(8)！」と号令をかけた。

すると味方の半分の十五人ほどが横並びになって、右手に持った縄石を頭の上で勢いよく振り回し始めた。

与吉の「投げず！」という合図と同時に藤二郎たちが一斉に縄石を放つと、対岸にいた隣村の大将の頭にそのうちの一つが当たって、倒れるのが見えた。

指揮官を失った隣村の子どもたちは、倒れた大将を河原に置き去りにして散り散りに逃げていった。

▼安土城下の傾城《けいせい》屋

天正十年五月八日（1582年5月29日）

アオイは米のとぎ汁(1)で髪を洗って水ですすぐと、両手で髪を絞って水を切り、手ぬぐいで軽く拭《ふ》いた。ゆかた(2)を着て自室に戻ったアオイが障子を開け放つと、窓の外には沙沙貴《ささき》大明神(3)の境内が広がっている。髪を床に広げて横たわると、風がアオイの体を心地よく撫で、濡れた髪を乾かしていく。

まどろみから覚めると、すでに陽は西のほうへと傾いていた。床から起き上がったアオイは、髪に椿油《つばきあぶら》を塗ってなじませて、根結《ねゆ》い垂髪《すいはつ》(4)に結い上げると、白粉《おしろい》(5)

(1) **米のとぎ汁**…当時、髪を洗う時に米のとぎ汁を用いることが多かった。

(2) **ゆかた**…浴衣《ゆかた》の起源は、平安時代に入浴時に用いられていた着衣「湯帷《ゆかた》子《びら》」で、室町時代には「身拭《みぬぐい》」とも呼ばれていた。中世には三河《みかわ》（現・愛知県東部）を中心に各地で木綿栽培が盛んになり、木綿のゆかたが庶民の間にも広まった。

(3) **沙沙貴大明神**…滋賀県近江八幡《おうみはちまん》市安《あ》土町《づちちょう》にある沙沙貴神社のこと。織田信長によって佐々木《ささき》氏（六角《ろっかく》氏）が近江から追われるまで、その氏神と

を顔に塗って眉を描き、唇に紅をさした。

台所で雑炊でももらおうと、小袖に着替えたアオイが部屋を出て階段を下りかけた時、一人の精悍な武士が「湊《みなと》屋《や》」の入口に現れた。武士は見かけによらず内気な性格のようで、階段を下りてくるアオイと目が合うと、はにかんで目を逸らした。傾城屋(6)の入口に座る主人が「ご無沙汰ですな、佐久間殿」と声をかけると、武士はもう一度、アオイがいる階段のほうを見上げて「名は何と申す?」と尋ねた。主人は振り返って階段に佇《たたず》むアオイを見ると「葵と申します」と答えた。

武士が「今宵はこの女と盃を交わしたい」と主人に伝えると、主人は「見《み》立《たて》(7)はよいのですか?」と尋ねた。佐久間兵大夫は「不要だ。案内してくれ」と言って、草《ぞう》履《り》を脱いで上がり框《かまち》に上がった。

して崇敬された。沙沙貴神社の一帯は、かつて近江守護・佐々木氏の所領である佐々木庄があった。

(4) **根結い垂髪**…後頭部の上部で髪を一束にした垂髪（髪を後ろに垂らすこと）。見た目は現代のポニーテールに近い。

(5) **白粉**…当時のおしろいは鉛を原料とする「はふに（鉛白《えんぱく》）」と、水銀を原料とする「はらや（軽粉《けいふん》）」の二種類が主流だったが、鉛も水銀も人体に悪影響をおよぼすため現在は生産されていない。

(6) **傾城屋**…遊女屋のこと。公に認められた遊女屋を一箇所に集めた「遊郭」の誕生は豊臣期以降とされる。

(7) **見立**…店の遊女を集めて客に選ばせること。見立を行った客は、気に入った遊女に盃を与えたという。

▼彗星《すいせい》

天正十年五月十四日（1582年6月4日）

この日、青地与右衛門は夜遅くまで安土城に出仕していた。織田信長が秘蔵する名馬の一頭が病にかかったため、厩番たちとともに世話していたためだ。しかし、その甲斐もなく馬は痙攣《けいれん》を起こして死んでしまった。

馬を城外に葬《ほうむ》り、ようやく与右衛門が屋敷への帰途についた戌《いぬ》の刻（午後八時前後）ころ、すでに夜更けであるにもかかわらず、安土城下がにわかに騒がしくなった。

与右衛門が人々の指さす方向を見ると、北西の空に長く尾を引く流星のようなもの（1）が見えた。

（1）流星のようなもの…ルイス・フロイスの『日本史』には、五月十四日の夜九時に彗星が現れ、数日にわたって運行したと記されている。また、その数日後の正午ころには、彗星とも花火ともつかぬ物体が空から安土に落下したとの目撃談も記載されている。

（2）上様（信長）の体調…晩年の信長は手足のしびれや関節の痛みを感じていたらしく、糖尿病を患っていた可能性が指摘されている。また、晩年の信長による残虐な行為も、糖尿病

流星であれば与右衛門も幾度か見たことがあるが、目の前の星は「流れる」というよりも、夜空に船の航跡のごとく光の尾を伸ばしながら地平線近くを飛び続けている。与右衛門がその奇妙な星を眺めていると、近くにいた町の者たちが「今年は怪異が多いさかい、きっと何か大事が起こるで」と囁《ささや》きあっていた。

武田家を滅ぼし、織田家はほぼ天下を掌中《しょうちゅう》に収めたに等しい情勢ではあるが、確かに近年、与右衛門から見ても上様（信長）の体調(2)が思わしくないように見えることが多い。もし上様の身に何かあれば、ようやく治まりつつある天下も再び乱れるだろう。

そんなことを考えながら、与右衛門は葬ったばかりの馬の死に際を思い出し不吉なものを感じたが、「いや、考えすぎじゃ」と首を振って、再び家路についた。

神経障害からくる癇癪やイライラが原因とする説もある。

▼饗応膳《きょうおうぜん》

天正十年五月十五日（1582年6月5日）

この日、徳川家康《とくがわいえやす》とその家臣たち（1）は武田家旧臣の穴山梅雪《あなやまばいせつ》とともに、武田攻め後の徳川家への駿河《するが》進呈および穴山家の本領安堵の御礼を申し述べるため、織田信長《おだのぶなが》のいる安土城を訪れた。信長は、その饗応役として惟《これ》任日向守《とうひゅうがのかみ》（明智光秀《あけちみつひで》）を任じていた。

家康と梅雪は、丹羽長秀《にわながひで》に案内されて宿所に指定された大宝坊《たいほうぼう》（2）にやって来た。一行が案内役に導かれるまま玄関に入って上がり框に腰掛けると、湯を入れた桶を持った侍女たちが現れて皆の足を洗った。

（1）**徳川家康とその家臣たち**…家康一行は、本多忠勝《ほんだただかつ》、酒井忠次《さかいただつぐ》、井伊直政《いいなおまさ》、榊原康政《さかきばらやすまさ》、石川数正《いしかわかずまさ》、服部正成《はっとりまさなり》らの重臣や小姓たちで、梅雪を含め34人だった。

（2）**大宝坊**…『信長公記』には、信長自身が家康と梅雪の宿舎として「御宿、大宝坊しかるべき」と述べたとあるが、大宝坊と呼ばれる寺院が安土のどこにあったのかは不明。

（3）**本膳料理**…室町時代に武家の饗応料理として始まった日本料理。式三献に始まり、本膳、二の膳、三の膳か

通された座敷で家康一行と梅雪が並んで座っていると、すぐに京や堺から取り寄せた山海の珍味を使った本膳料理(3)が運ばれてきた。

この日の饗応のために光秀が用意した膳は、家康や梅雪ほどの武将にとっても初めて食すものが多く、都の御所やかつての将軍家(4)でも、これほどの食事はあるまいと思われるほど贅《ぜい》を尽くしたものだった。

膳は本膳、二の膳、三の膳と続き、食には一家言ある家康も、さすがに腹がくちくなってきた。

給仕役の茶坊主《ちゃぼうず》(5)が三の膳を下げて与《よ》の膳を取りに行った時、家康がすぐ側に座る梅雪にだけ聞こえる程度の小声で「贅沢すぎて、うまいのかどうかわからぬ」と呟《つぶや》いた。すると梅雪は「で、ござりまするな」と、前を向いたまま静かに頷いた。

らなり、与の膳、五の膳を添える場合もあった。ただし、信長は式三献といった儀礼的な手順は省略していたらしい。本膳料理は中華料理とともに、西洋のフルコース料理に影響を与えたとも言われている。

(4) **かつての将軍家**…室町（足利《あしかが》）幕府の将軍家のこと。天正元年（1573年）に十五代義昭《よしあき》が信長によって京都を追われ、幕府は滅亡した。

(5) **茶坊主**…武家に仕えて茶事をつかさどるほか、来客の給仕や接待をする役職。

秀吉《ひでよし》からの使者

天正十年五月十六日（1582年6月6日）

備中《びっちゅう》（現・岡山県西部）に出陣中の羽柴《はしば》秀吉からの使者が安土城に到着し、織田信長の前に跪《ひざまず》いて備中攻めの戦況を報告した。秀吉は毛利《もうり》方の高松《たかまつ》城（1）を水攻めしており、安芸《あき》（現・広島県西部）から大挙して押し寄せてきた毛利軍と対峙しているという。

報告を聞いた信長は、「これも天が与えた好機ゆえ、自ら出陣して中国を平らげ、その勢いで一気に九州まで平定すべし」と決断した。信長は、すぐに堀秀政《ほりひでまさ》に指示を与えて秀吉のもとにつかわすと、惟任日向守（明智光

（1）**高松城**…現・岡山県岡山市にあった平城。四国讃岐《さぬき》の高松城と区別するため備中高松城とも称される。

（2）**先陣として出陣**…『信長公記』は、この時先陣を命じられた者として光秀のほか、細川藤孝《ほそかわふじたか》、池田恒興《いけだつねおき》、塩《しお》河吉大夫《かわきちだゆう》（塩川長満《しおかわながみつ》）、高山右近《たかやまうこん》、中川清秀《なかがわきよひで》の名を挙げている。光秀は翌十七日、居城の坂本《さかもと》城（現・滋賀県大津市）に帰城した。

（3）**肩衣**…袖を取り除いた上着で、同色の袴と上下対で着用した。室町時代以降、武家の礼装となった。

秀）の徳川家康饗応の任を解き、先陣として出陣（2）することを命じた。

信長自身が中国方面に出陣するという決断は、その日のうちに織田家中に伝わった。

この日の夜、安土城から自分の屋敷に帰った石黒彦二郎が「近々に出陣じゃ」と妻のキクに伝えると、キクは心配そうな表情を気取《けど》られまいと夫の背後にまわり、彦二郎が脱いだ肩衣《かたぎぬ》（3）を受け取りながら「ようけ手柄を立ててくださいい」と答えた。

袴《はかま》を脱いで小袖姿になった彦二郎が夕餉《ゆうげ》の膳の前に座ると、キクが台所から大きな徳利と盃をのせた盆を運んできた。静かに盆を置いて彦二郎の側に座ったキクは、「今宵は出陣の前祝いだもんで、わしも飲む」と言って徳利を手に取り、二つの盃に酒をついだ。

▼幸若《こうわか》太夫《たゆう》と梅若《うめわか》太夫

天正十年五月十九日（1582年6月9日）

安土城内の摠見寺《そうけんじ》に設《しつら》えられた能舞台の前の桟敷《さじき》には、太政大臣《だいじょうだいじん》の近衛前久《このえさきひさ》と織田信長、徳川家康、穴山梅雪が並んで座り、その背後には、織田一門衆や信長の老近習たち(1)が同席していた。

また、桟敷の下の土間には小姓衆や馬廻衆、年寄衆(2)、家康の家臣らが座り、その中には岐阜から織田信忠に従って(3)安土に来た金森長則《かなもりながのり》（義入《ぎにゅう》）や毛利岩丸、加藤《かとう》辰千代《たつちよ》らの姿もあった。

舞台は幸若太夫(4)による「長龍露払《ちょうりゅうつゆはらい》」ののち、本舞

(1) **信長の老近習たち**…『信長公記』には、楠木長諳《くすのきちょうあん》、長雲軒妙相《ちょううんけんみょうそう》、松井友閑《まついゆうかん》、武井夕庵《たけいせきあん》ら坊主衆が桟敷に同席したとある。

(2) **年寄衆**…大名の家臣のうちの最重職である家老衆のこと。

(3) **織田信忠に従って**…信忠は上洛のため十四日に岐阜を発ち、その途中でしばらく安土に滞在した。

(4) **幸若太夫**…越前《えちぜん》（現・福井県北東部）が発祥とされる幸若舞の宗家・幸若家が代々継承した芸称。「太夫」は芸能をもって神事を行う者の称号。信長が好んだと伝わる『敦盛《あつもり》』も幸若舞の演目の一つである。この時舞ったのは八郎九郎義重《はちろうくろうよししげ》とされる。

(5) **梅若太夫**…光秀が領していた丹波《たんば》（現・京都府中部および兵庫県東部）を本拠地とする梅若家の猿楽《さるがく》師（能楽師）が代々継承した芸称。この時

の「大織冠《たいしょくかん》」、小舞の「伏見《ふしみ》」「常磐《ときわ》」などの幸若舞から始まり、その出来に信長も満足している様子だった。信長がさらに能を所望すると、梅若太夫(5)が脇の能「御《み》裳濯《もすそ》」を舞い、次いで家康の所望で「盲目沙汰《めくらさた》」を演じた。しかし、それを見た信長は徐々に機嫌が悪くなり、ついには立ち上がって梅若太夫を叱責し始めた。

辰千代には、能の何が不出来だったのか理解できなかった。そのうえ、このような接待の場で能楽師を叱責する信長の姿が老いて見えてしまい、「上様に対して無礼なことを」と、自らの思念を振り払おうとした。

舞台の上では梅若太夫がひたすら平伏しているが、信長の怒りは収まらない。「もう一度、幸若太夫を召《め》せ」と信長が命じたため、近臣の菅屋長頼《すがやながより》と長谷川秀一《はせがわひでかず》が、あわてて楽屋にいる幸若太夫を呼び戻しに行った(6)。

演じたのは三十八世・家久《いえひさ》とされるが、家久は天文十三年(1541年)に没したとの記録があるため、三十九世・広長《ひろなが》、または直久《なおひさ》(詳細不明)とする説もある。『信長公記』には、四座《よざ》(能楽の主流であった大和猿楽の四団体)では珍しくないので、あえて丹波から梅若太夫を呼び寄せたとある。

(6) **呼び戻しに行った**…『信長公記』によると、長頼と秀一は「能の後に舞を舞うのは本式ではないが、ご所望なのでもう一番舞って欲しい」と伝え、幸若太夫が「和田酒盛《わださかもり》」を舞ったところ信長の機嫌が直ったという。

▼安土城での接待

天正十年五月二十日（1582年6月10日）

織田信長は、丹羽長秀、堀秀政、長谷川秀一、菅屋長頼の四人に、安土城三の丸に建つ江雲寺《こううんじ》御殿で徳川家康と穴山梅雪を接待するための準備を命じていた。二十日に行われる接待には、家康と梅雪だけでなく、酒井忠次《さかいただつぐ》、石川数正《いしかわかずまさ》ら徳川家の家老衆も招かれていた。

接待の当日、家康と梅雪は数日前にも番場《ばんば》（現・滋賀県米原《まいばら》市内）でもてなしを受けた(1)丹羽長秀の案内で座敷に通された。それぞれ席に着いた一行が御殿の至るところに施された見事な装飾や障壁画などに見入ってい

(1) もてなしを受けた…『信長公記』には、家康と梅雪は安土に赴く途中の番場でも、信長の命を受けた丹羽長秀による酒肴の接待を受けたとある。

(2) 幾度か酒を酌み交わした…ルイス・フロイスは『日本史』に「信長は酒を飲まない」と書いているため、信長は普段、めったに酒を飲まなかったと考えられている。下戸《げこ》だったとする説もある。

ると、御殿の奥へと続く廊下から信長が現れた。

招かれた一同は、座ったまま信長に深々と頭を下げ、改めて家康が駿河拝領の礼を述べ、次に梅雪が本領安堵に対する謝意を伝えた。

信長は笑みを浮かべながら「ご苦労であった」と頷いたあと、「しばし待たれよ」と言って、再び御殿の奥へと姿を消した。

一同がしばらく待っていると、接待役を命じられた信長の近臣や茶坊主らに交じって、信長が自ら家康の膳を運んできた。家康が恐縮して「かたじけのうござります」と信長に頭を下げると、信長は呵々《かか》と一笑し、「ごゆるりと過ごされよ」と言って家康とともに正面上段の席に着いた。この日、信長はいつになく機嫌がよく、珍しく家康や梅雪と幾度か酒を酌み交わした(2)。

▼家康一行の上洛《じょうらく》

天正十年五月二十一日（1582年6月11日）

前日の接待の折、織田信長は徳川家康と穴山梅雪の一行に、京、大坂、奈良、堺を遊覧することを勧め、さらに信長は、大坂での家康一行の接待を織田信澄《のぶずみ》と丹羽長秀に命じて、両名を大坂につかわした。

翌二十一日、家康と梅雪の一行は、上洛に同行する織田信忠《のぶただ》（1）および信長から案内役に任じられた長谷川秀一とともに安土城を発った。安土山の麓の常楽寺《じょうらくじ》港に着くと、すでに船が用意されており、一行は船の中でも酒食の接待を受けた。また、船中では信忠と家康が能談義

（1）**上洛に同行する織田信忠**…この時、信忠は朝廷から官位の推任を受けるため上洛したとの説が有力である。

（2）**能談義に花を咲かせた**…家康は、今川氏の人質だったころから能に親しんでおり、世阿弥《ぜあみ》の家系に連なる観《かん》世《ぜ》（駿河）十郎大夫から指導を受けていたと伝わる。また、家康は信忠の懇望《こんもう》に応じて世阿弥の『風姿花伝《ふうしかでん》』を譲ったとの記録もある。

（3）**大津**…琵琶湖の南岸にある港町。古くから水運を利用した物資の集散地として栄えた。当時、安土から京都へは琵琶湖上を大津まで船で行くのが最短ルートだった。

（4）**日岡峠**…山科と粟田口《あわたぐち》の間にある峠（日ノ岡峠）。雨になると道がぬかるみ、物資を輸送する荷車の通行が困難になったことから、近世には東海道の難所として知られていた。

に花を咲かせた(2)。

やがて船が大津《おおつ》(3)に入ると、家康やその家臣たちとも顔なじみの西尾義次《にしおよしつぐ》が出迎え、信忠や家康一行を警護しながら洛中まで案内した。

山科《やましな》を過ぎ日岡峠《ひのおかのとうげ》(4)を越えたところで、洛中の町並みや伽藍《がらん》が眼下に広がった。家康も梅雪も、都の公家衆とは幾人か面識があるものの、自らが都を訪れるのは初めてである。とくに梅雪にとっては、かつて仕えた武田信玄が上洛を果たせずに落命(5)したこともあり、数年前には敵味方で戦った家康と並んで馬を歩ませながら、来し方に思いを馳せずにはいられなかった。

京に入って三条大橋(6)を渡ると、信忠は家康一行と別れて妙覚寺《みょうかくじ》(7)に向かい、家康一行は四条坊門小路《ぼうもんこうじ》(8)の周辺に各々宿を取った。

(5)上洛を果たせずに落命…武田信玄は、西上作戦と呼ばれる遠征(上洛を目指していたとの説も)の途上で病に倒れ、甲府へ帰陣する途中に没した。

(6)三条大橋…京都三条通の、鴨川《かもがわ》に架けられた橋。架橋の時期は定かではないが、最も古い記録は室町時代まで遡る。三条大橋付近の河原は、近世まで処刑場だった。

(7)妙覚寺…当時は二条衣棚《ころもたな》(現・京都市中京区)にあり、信長も上洛の際に度々滞在していた。天正十一年(1583年)に現・京都市上京区に移転した。

(8)四条坊門小路…三条大路と四条大路の中間に位置した小路で、現在の蛸《たこ》薬師《やくし》通(京都市中京区)にほぼ該当する。四条坊門小路沿いには、本能《ほんのう》寺《じ》や南蛮寺《なんばんじ》(キリシタンの教会)があった。

▼清水《きよみず》の能興行

天正十年五月二十六日（1582年6月16日）

雨が降る中、徳川家康は穴山梅雪や供の者たちとともに清水寺参道の坂道を上っていた。一行が坂を上りきると、目の前に朱塗りの仁王門が現れた。

一行は門をくぐって境内へ入り、左手に三重塔を望みながら音羽《おとわ》の滝のほうへ向かうと、小姓たちを従えた織田信忠が腕組みして懸崖造《けんがいづくり》（1）の本堂を見上げていた。

家康と梅雪が信忠に挨拶すると、信忠は「舞台へ参ろう」といって二人を先導するように本堂の階段を上っていった。

（1）**懸崖造**…急峻な崖や山の斜面にへばりつくように建てられた建築。崖造《がけづくり》、懸造《かけづくり》ともいう。

（2）**本尊**…清水寺の本尊は鎌倉中期の作とされる十一面千手観音立像《りゅうぞう》だが、秘仏《ひぶつ》とされ三十三年に一度のみご開帳が行われる。普段は秘仏の厨子《ずし》の前に御前立仏《おまえだちぼとけ》（身代わりの仏像）が安置されている。

（3）**「田村」**…清水寺を舞台とした能で、坂上田村麻呂《さかのうえのたむらまろ》による鈴鹿《すずか》の鬼退治を題材とする。

（4）**別業**…本宅以外の屋敷。別荘。

都を見下ろす清水の舞台の上には、すでに公家衆の甘《かん》露《ろ》寺《じ》経元《つねもと》や勧修寺《かじゅうじ》晴豊《はれとよ》らが待っていたため互いに挨拶を交わし、その後、信忠と家康一行は本尊（2）に合掌すると、しばらくの間、舞台の上から雨にかすむ都の風景を眺めていた。

この日は、本尊を前にした清水の舞台で能「田村《たむら》」（3）が奉納され、信忠も家康も熱心に見入っていた。清水の舞台で演じられる能は普段とは趣《おもむき》が異なり、やはり格別なものであった。

能演が終わって一行が本堂を下りると、清水寺の近くにある経元の別業《べつぎょう》（4）で酒宴が開かれた。

酒宴には、やがて太政大臣の近衛前久や京都所司代の村井貞勝《むらいさだかつ》といった公家や織田家中の人々も加わり、だんだんと人数が増えていった。

愛宕百韻《あたごひゃくいん》

天正十年五月二十七日〜二十八日（1582年6月17日〜18日）

前日に坂本城を出て亀山城《かめやま》(1)に入った惟任日向守（明智光秀）は、翌二十七日、嫡男の光慶《みつよし》とともに亀山城の北東にある愛宕大権現《あたごだいごんげん》(2)を参詣した。

光秀は本尊の勝軍地蔵《しょうぐんじぞう》(3)に中国出兵の戦勝祈願をしたのち、太郎坊《たろうぼう》(4)を祀《まつ》る奥の院の前で籤《くじ》を引いた。しかし、思うような結果を得られなかったのか、二度、三度と籤を引き直した。

この日、光秀父子は愛宕山に一泊し、翌二十八日、愛宕大権現の別坊である西之坊威徳院《にしのぼういとくいん》(5)で、連歌師の里《さと》

(1) **亀山城**…現・京都府亀岡市にあった平山城。光秀が丹波統治の拠点として築城した。

(2) **愛宕大権現**…愛宕神社（現・京都市右京区）のこと。全国に約九百社あるという愛宕神社の総本宮で、神仏習合の時代には修験道の霊場として栄えた。また、古くより火伏《ひぶせ》・防火の霊験で知られる。

(3) **勝軍地蔵**…神仏習合時代の愛宕神社では、垂迹神《すいじゃくしん》（神として現れた仏・菩薩《ぼさつ》の仮の姿）を伊邪那美命《いざなみのみこと》、本地《ほんじ》仏《ぶつ》（仏・菩薩の真実身）を勝軍地蔵

村紹巴《むらじょうは》とその門人や、愛宕山の西之坊住職の行祐《ぎょうゆう》、上之《かみの》坊《ぼう》(6)住職の宥源《ゆうげん》らを招き、連歌の会を催した。

まずは光秀が、「ときは今　あめが下知る　五月哉《さつきかな》」(7)と発句《ほっく》(8)を詠んだ。

この歌に続けて、行祐が「水上《みなかみ》まさる　庭のなつ山」(川上から流れてくる水音が高く聞こえ、庭からは緑深い夏の山々が見える)と詠み、これを受け紹巴が「花落つる　流れの末を堰《せき》止めて」(次々と落ちる花弁が、水の流れを堰止めてしまうだろう)と続けた。

こうして九十九韻まで詠み継ぎ、最後は光慶が「国々は猶《なお》　のどかなるころ」(国は太平で、のどかに治まっている)と挙句《あげく》(9)を詠んだ。

光秀は、この日詠まれた百韻を神前に納めたのち、光慶とともに愛宕山を下りて亀山城へと帰っていった。

(将軍地蔵)として祀っており、軍神として武士の信仰を集めた。

(4) **太郎坊**…愛宕山の奥の院に祀られる天狗。日本一の大天狗とされ、栄術《えいじゅつ》太郎とも呼ばれる。

(5) **西之坊威徳院**…愛宕山に近世まであった社僧の住坊。

(6) **上之坊**…愛宕山に近世まであった社僧の住坊の一つである大善院《だいぜんいん》のこと。

(7) **ときは今　あめが下知る　五月哉**…普通に解釈すると「今は天から雨が降り注ぐ五月である」となるが、「今こそ土岐氏の庶流である明智が天下(あめが下)を取る時だ」という、光秀による信長打倒の決起宣言と解釈する説もある。

(8) **発句**…連歌や連句の巻頭の第一句。

(9) **挙句**…連歌を締めくくる最後の句。

村の田植え

天正十年五月二十八日（1582年6月18日）

卯《う》の刻（午前六時前後）ころ、飯島郷では田植えが始まった。村の男たちが運んできた苗束を田んぼに投げ入れると、襷《たすき》を掛けて笠を被った田植え女たちがそれを受け取り、掛け声をかけながら田に植え始めた。

田植え女たちの掛け声に合わせて村人たちが笛や太鼓を鳴らすと、女たちもその拍子に小気味よく動きを合せながら、畦《あぜ》のへりから田んぼの中ほどまで横並びになって苗を挿《さ》していった。

藤二郎は、背後で鳴り響く賑やかな笛や太鼓を聞きな

（1）**田起こし**…稲を植える前の乾いた田の土を掘り起こして砕く作業。

（2）**馬鍬**…牛や馬に牽引させて水田の土をかきまぜて、ならす農具。日本には古墳時代に、中国から伝来したと考えられている。

がら父の藤吉《とうきち》とともに田起こし（1）をしていた。父が牛に馬鍬《まぐわ》（2）を引かせて土を掘り起こし、藤二郎はそのうしろで鍬を振るって土の塊《かたまり》を砕いていく。砕いた土からは、豊かな大地の匂いが立ってきた。

田起こしが終われば、藤二郎の家の田んぼにも水路から水が引き込まれ、数日後にはいよいよ田植えだ。

藤二郎が鍬を振るいながら背後の音曲に耳を澄ますと、笛や太鼓に混じって村一番の歌の名人・吾平《ごへい》の歌声も聞こえてきた。昨日まで単調に感じた田起こしの作業も、賑やかな音曲を聞きながらだと楽しくなってくる。

今日は田植え始めの日なので、昼になれば村の女たちが用意した山盛りの白い飯にありつけるはずだ。

藤二郎は太鼓の拍子に合わせて、ますます力強く鍬を振り下ろした。

▼信長、安土を発つ

天正十年五月二十九日（1582年6月19日）

この日の朝、織田信長は豪雨の中、森成利や今川孫二《いまがわまごじ》郎《ろう》、飯河宮松《いこうみやまつ》ら二、三十人ばかりの小姓衆とその従者、勤番衆（1）や中間《ちゅうげん》衆などわずか百人あまりを召し連れて安土を発った。唐突な出立《しゅったつ》だったため、安土に残された馬廻衆には「中国出兵が近いので、戦の準備をして陣触《じんぶ》れを待て」との命が下されていた。

かつて信長は、京に大量の兵員を輸送するため琵琶湖《びわこ》上に超大型船（2）を建造したが、この日は、その船を解体して建造した早舟《はやぶね》（3）で安土から大津まで渡った。

（1）**勤番衆**…警護や雑務にあたる下級武士。

（2）**超大型船**…『信長公記』には、元亀《げんき》四年（1573年）の五月、信長は長さ三十間（約60ｍ）、横幅七間（約14ｍ）の超大型船を造らせたとある。織田軍はこの船を使って、一度に三千〜五千人の兵を運ぶことができたという（ただし、船の大きさを鑑《かんが》みると、一回で三千人以上の兵員を運べた、というわけではなさそうである）。

（3）**早舟**…足の速い船。主に軍船として

大津から京への道中には、信長上洛の知らせに京から粟田口《あわたぐち》まで出迎えに来た公家衆もいたが、信長の命を受けた森成利が使者を出し、「お迎え無用」と伝えさせたので、公家たちは引き返していった。

信長一行が馬を歩ませて蹴上《けあげ》（現・京都市東山区）まで来ると、小姓衆や馬廻衆を引き連れた織田信忠が待っていた(4)。信忠が従えてきた者たちを合わせ総勢二百五十人ほどになった信長一行が、本能寺《ほんのうじ》に到着(5)したのは申の刻（午後四時前後）ころだった。

同じころ、安土城下の傾城屋「湊屋」二階のアオイの座敷には、佐久間兵大夫の姿があった。翌日には兵大夫も、信長を追って石黒彦二郎とともに上洛する予定だった。兵大夫はアオイに、次の戦が終わったら湊屋に相応の金を払って身請《みう》けし、夫婦になりたいと伝えた。

用いた。『信長公記』には、信長は天正四年（１５７６年）に猪飼野正《いかいのまさ》勝《かつ》（昇貞《のぶさだ》）に命じて琵琶湖の超大型船を解体させ、その材を用いて早舟を十艘造らせたとある。

(4) **織田信忠が待っていた**…この日、信忠は家康一行とともに堺見物に行く予定だったが、信長の上洛の報を受けて京に留まった。

(5) **本能寺に到着**…本能寺での宿泊に際し、信長は住んでいた寺僧たちを退去させた。また、信長は天正八年（１５８０年）に、京都所司代の村井貞勝に命じて、本能寺の寺域内に御殿や防御施設を造営させたという。ちなみに、現在の本能寺は移転後のものなので、当時は現在の京都市中京区小《お》川通蛸薬師元本能寺町《がわどおりたこやくしもとほんのうじちょう》にあった。

▼家康、堺を訪れる

天正十年五月二十九日（1582年6月19日）

二十八日、徳川家康のもとに織田信長より、中国出兵への参陣を求める手紙が届いた。家康は上洛に同行していた酒井忠次に命じ、国元にそれを伝えさせた。この日、家康と穴山梅雪の一行は、家康とは昵懇《じっこん》の京の呉服商・茶屋四郎次郎《ちゃやしろうじろう》を伴って都を発つと、大坂本願寺跡地の砦を訪れて、織田信澄と丹羽長秀の接待を受けた。

翌二十九日の朝、家康と梅雪の一行は大坂を船で発ち堺に入った。堺の港には来るべき中国出兵に備えてか、信長が志摩《しま》水軍の首領である九鬼嘉隆《くきよしたか》に命じて造らせた

（1）**六艘の鉄甲船**…『信長公記』には、天正六年（1578年）に信長は九鬼嘉隆に命じて、大船六艘を建造させたとある。この船は厚さ3㎜の鉄板で舷側《げんそく》を覆われており、三門の大砲を装備していたという。『安土日記』は、その大きさを「長さ十八間（約32・4m）、横六間（約10・8m）」と記している。

（2）**堺政所**…自治都市として繁栄していた堺を直轄地とした信長は、元亀元年（1570年）に側近の松井友閑を代官として送り込んで、堺の支配

巨大な六艘の鉄甲船《てっこうせん》(1)が停泊していた。南蛮から取り寄せた大砲を装備し、装甲の鉄を貼り直したのか黒々と船体を光らせて港に停泊するその威容は、港に繋がれた他の商船を威圧しているかのようにも見えた。

堺の港には、陸揚げされた物資を運ぶ人々や船員、馬や荷車が行き交っており、市街の規模が異なるとはいえ、その賑わいは都にも引けを取らないものだった。

港に着いた一行を出迎えたのは、堺政所《まんどころ》(2)の松井友閑《まついゆうかん》に接待を命じられた今井宗久《いまいそうきゅう》ら堺衆だった。家康と梅雪の一行は、堺衆の案内で町を見てまわった。町の建物や人々の衣裳には、ところどころに南蛮風の意匠を取り込んだものも多く、家康は異国に来たような心持ちがした。

この日、家康一行と梅雪は松井友閑の屋敷に招かれて一泊し、翌日は三度の茶会(3)と酒宴が開かれた。

権を握った。

(3) **三度の茶会**…『宇野主水日記』によると、家康はこの日、朝は津田宗及《つだそうぎゅう》、昼は今井宗久、夜は松井友閑との茶会に参加し、その後の酒宴では幸若太夫の舞を鑑賞したという。なお、信長は家康の堺遊覧に際し、堺衆に家康を茶会でもてなすよう命じていた。信長は家康に茶会を経験させることで、茶道具に対する価値観を学ばせようとしていたようだ。

▼信長と公家衆

天正十年六月一日（1582年6月20日）

この日は、本能寺に公家衆が参集する予定だったが、朝になっても前夜からの土砂降りが止まず、ひとまず見合わせることになった。

そこで織田信長は、翌日に催す茶会で披露するため、安土から携えてきた名物の数々(1)を座敷に並べ、手はずを考慮していた。また、辰《たつ》の刻（午前八時前後）のころには、徳川家康を翌日の茶会に招く書状を楠木長諳《くすのきちょうあん》に書かせ、堺に滞在中の家康のもとに使者を出した。

やがて巳《み》の刻（午前十時前後）のころに雨が止んだた

(1) **名物の数々**…この日、信長の右筆の楠木長諳が京にいた博多の豪商・茶人の島井宗室《しまいそうしつ》へ送った「御茶湯道具目録」によると、信長は安土から、九十九髪茄子《つくもなすび》、珠光小茄子《しゅこうこなすび》、円座《えんざ》肩衝《かたつき》、勢高《せいたか》肩衝、珠光茶碗、紹鷗白天目《じょうおうしろてんもく》など38点におよぶ名物茶器を持ち込んでいたという。

(2) **太政大臣を辞任**…近衛前久が前月の五月に太政大臣を辞任したのは、信長の三職推任《すいにん》問題（当時、無官だった信長に対して、朝廷は太政大臣、関白、征夷大将軍の三職から望む職を選ばせて、朝廷内に取り込もうと画策していたが、信長は返事を保留していた）に関連して、信長に同職を譲るためだったとも言われている。

(3) **暦の話題**…信長は天正十年の正月、朝廷が使用している「宣明暦《せんみょうれき》（京暦）」を、東海や関東で用いられていた

め、勧修寺晴豊が勅使として本能寺を訪れた。その後も、山科言経《やましなときつね》や関白の一条内基《いちじょううちもと》、太政大臣を辞任(2)したばかりの近衛前久ら公家衆四十名ほどが本能寺を訪れたので、信長は菓子と茶を出して歓談した。

この日の信長は上機嫌で、公家衆に対して三月の武田攻めの一件や、次の中国出兵はたやすく終わると見込んでいることなどを饒舌《じょうぜつ》に語っていた。

そんな折、森成利が座敷に現れて信長に何ごとかを耳打ちした。すると信長は、暦《こよみ》の話題(3)を切り出した。成利から、先ほど日食が確認された(4)との報告を受けたためだった。公家衆は、京暦《きょうごよみ》よりも三嶋暦《みしまごよみ》のほうが優れているとしつこく主張する信長に辟易《へきえき》した(5)が、暦の件については後日、御所で改めて協議すると伝えてお茶を濁《にご》し、夕刻には各々帰って行った。

「三嶋《みしま》暦」に変更するよう要求したが、朝廷は受け入れなかった。

(4) **日食が確認された**…この日、京都では太陽が六割欠ける部分日食が起こった。この日食は三嶋暦では予測されていたが、宣明暦では予測できていなかったため、信長は再度、公家衆に三嶋暦へ統一することを提案した。なお、当時日食の光は穢《けが》れとされ、日食が起きる際には天皇が光を浴びないよう御所を菰《こも》で包む習わしがあった。しかし、日食が予測できない宣明暦ではそれが行えなかったため、信長は天皇に対して不敬であると主張したという。

(5) **辟易した**…暦に関する信長の申し入れに対し、勧修寺晴豊は日記(『天正十年夏記』)の中で「これ信長、無理なることなり」と困惑したことを記している。

▼馬廻衆の上洛

天正十年六月一日（1582年6月20日）

この日の早朝、佐久間兵大夫は従者とともに石黒彦二郎の屋敷に向かい、朝飯を馳走になったあと、キクに見送られながら彦二郎とともに安土を発った。琵琶湖を船で渡る道筋は、信長を追って上洛を急ぐ織田家中で混雑していたため、二人はそれぞれ従者を引き連れて湖岸沿いに南下し、瀬田唐橋《せたのからはし》（1）を渡って京に向かった。

京に入った二人は、粟田口の青蓮院《しょうれんいん》（2）を左に望みながら馬を歩ませていたが、旅籠《はたご》を探す前に感神院《かんじんいん》（3）で戦勝祈願をしようということになり、感神院の楼門前で

（1）**瀬田唐橋**…滋賀県大津市の瀬田川に架かる橋。瀬田の唐橋、瀬田橋、瀬田の長橋などともいう。信長が現在と同様の大橋・小橋の形に整備した。京都へ通じる要衝《ようしょう》であるため、度々歴史的騒乱の舞台となった。

（2）**青蓮院**…現・京都市東山区にある天《てん》台宗《だいしゅう》の寺院。天台（延暦寺）三門跡《もんぜき》の一つで、粟田口御所とも称される。

（3）**感神院**…祇園祭《ぎおんまつり》で有名な八坂《やさか》神社（現・京都市東山区）のこと。近世までの神仏習合時代には感神院、祇《ぎ》園社《おんしゃ》などと呼ばれていた。

（4）**四条大橋**…鴨川に架かる四条大路の橋で祇園大橋とも称される。京都の三大橋（ほかに三条大橋、五条大橋）の一つとされる。

（5）**烏丸小路**…現在の烏丸通。当時の烏丸小路は幅四丈《じょう》（約12m）ほどだったが、現在は市電敷設のため行われ

従者に馬を預け、祈願のため本殿へと向かった。

参拝を終えた二人は、西へ進み四条大橋(4)を渡った。四条通には町衆や近郷の行商人、公家の牛車《ぎっしゃ》などが行き交い、織田信長の天下統一を間近にして、久々に訪れた平和を謳歌《おうか》するかのように賑わっていた。

兵大夫と彦二郎は、本能寺の近くで旅籠《はたご》を探そうと、四条通から烏丸《からすま》小路(5)に入って少し北上し、四条坊門小路に入った。するとすぐに豪奢《ごうしゃ》な三階建ての建物が目に入った。高山右近《たかやまうこん》が伴天連《ばてれん》たちに協力して建てたと聞く南蛮寺《なんばんじ》(6)だ。南蛮寺の門前から一町（１０９ｍ）ほど先には、本能寺の塀が見えた。

南蛮寺のはす向かいに旅籠(7)を兼ねた大きな商家があるのを見つけた兵大夫と彦二郎は、信長からの出陣の命があるまで、その商家に泊まることにした。

た拡張工事で倍以上になっている。

(6) **南蛮寺**…天正六年（1578年）に完成したイエズス会の聖堂。正式名称は「被昇天の聖母教会」。日本風建築の三階建てで、当時は新たな京名所として見物人で賑わったというが、天正十五年（1587年）の秀吉のキリシタン禁令によって破却された。

(7) **旅籠**…安土桃山時代には、すでに旅籠や寺などの宿泊施設が全国的に整っていた。当時の宿賃ほかの旅にまつわる料金は、永禄六年（1563年）に京都から東北まで旅した僧侶が記した支出帳簿『永禄六年北国下り遣足帳《けんそくちょう》』で知ることができる。

▼前夜

天正十年六月一日（1582年6月20日）

この日の夜、信長は公家衆が帰ったあとに、かねて親交のある囲碁の名手・日海《にっかい》(1)を本因坊《ほんいんぼう》から招き、同じく名手と評判の鹿塩利賢《かしおりげん》(2)と対局させた。

両者の御前対局(3)が終わったあとも、この日の信長はいつになく機嫌がよく、織田信忠と親しく語らった。

天下にはまだ信長に従わぬ大小名らもいるが、畿内を掌握し、武田家を滅ぼして関東までほぼ支配下に置いた今、織田家にとって脅威となる勢力が現れることはないであろう。あとは、各方面に配置した家臣たちを方々に

(1) **日海**…のちの本因坊算砂《さんさ》。囲碁中興の祖と言われる棋士。京都寂光寺《じゃっこうじ》の僧侶で、同寺の塔頭《たっちゅう》（寺院内にある個別の坊。子院）の本因坊に起居したことから、のちに本因坊を姓とした。信長の死後、豊臣秀吉や徳川家康からも厚遇を受けた。

(2) **鹿塩利賢**…詳細不詳。かつては、この時の日海の対戦相手は鹿塩利玄とされ、囲碁の家元四家の一つ林家の祖・林門入《はやしもんにゅう》の師である林利玄《はやしりげん》と同一人物とされていたが、現在は別人とする説が有力。

出兵させれば、自然と天下統一はなる。さすれば次は大艦隊を編成し、明《みん》への出兵(4)も考えよう。

信長はこの日の昼と同じく饒舌に、信忠に天下統一後の構想まで語った。

やがて夜が更けたので、信忠は暇乞《いとまご》いをして宿所にしている妙覚寺へと帰った。

信忠が去ったあとも信長は上機嫌で、この日、公家たちのとりなしに奔走した村井貞勝を優しく労い、身辺の世話をする小姓たちや弥助《やすけ》に「今宵は好きに過ごせ」と声をかけ座敷を下がらせたので、弥助は小姓たちとともに風呂(5)で汗を流すことにした。

この夜の本能寺は、日中の賑わいとは打って変わって極めて静かだった。信長は寝衣《しんい》の白い小袖に着替えると、丑《うし》の刻(午前二時前後)ころにようやく床に就いた。

(3) **御前対局**…この日の対局で、不吉の前兆とされる三劫《さんこう》(盤上の同じ場所で際限なく石を取り合うことになる状態)が出たとする逸話があるが、後世の創作とする説が有力である。

(4) **明への出兵**…ルイス・フロイスの『日本史』には、信長が毛利を平定して日本六十六カ国の絶対君主となった暁には、シナ(中国)を制圧して自分の息子たちに与える考えだったと書かれている。

(5) **風呂**…安土桃山時代の風呂は、蒸し風呂に入ったあとにかけ湯をするというのが一般的だった。今のように湯の中に首までつかる「据え風呂」ができたのは、慶長《けいちょう》年間(１５９６〜１６１５年)の末ころと言われている。

▼光秀の出兵

天正十年六月一日～二日（1582年6月20日～21日）

一日の夜、惟任日向守（明智光秀）は亀山城の居室に重臣たち（1）を呼び寄せて談合し、羽柴秀吉の救援のため中国へ向かうのではなく、京の本能寺へ向かうことを決めた。談合を終えた重臣たちは、中国出兵のため亀山城に参集した兵たちに、三草山《みくさやま》（現・兵庫県加東市《かとう》）を越えて中国方面へ行軍することを取りやめ、老《おい》の山（2）を登り、山崎《やまざき》を経て摂津《せっつ》方面に出兵すると伝えた。

夜更けになり、一万余の明智軍は亀山城を出発した。闇夜の中、明智軍は丹波と山城の国境にある老の山を越

（1）**重臣たち**…『信長公記』には、この時、光秀と談合したのは明智秀満《あけちひでみつ》、明智《あけち》次右衛門《じえもん》（光忠《みつただ》）、藤田伝五《ふじたでんご》（行政《ゆきまさ》）、斎藤利三の四人で、「信長を討ち果し、天下主となるべき調議を究め」たとある。

（2）**老の山**…丹波（現・京都府中部および兵庫県東部）と山城（現・京都府中南部）の境に位置する大枝山《おおえやま》山塊にある老《おい》ノ坂《さか》峠のこと。大枝峠ともいう。峠には、大枝山に住んでいたという鬼の頭領・酒呑童子《しゅてんどうじ》の首塚と伝わる首塚大明神がある。

え、暁闇《ぎょうあん》のころに沓掛《くつかけ》（現・京都市西京区内）で休息した。ここから南へ行けば、山崎（現・京都府大山崎町《おおやまざきちょう》）、天神馬場《てんじんばば》（大阪府高槻《たかつき》市内）を経て摂津街道へと至る。一方、東に進めば京に入ることになる。

ここで、軍を率いてきた光秀が「謀反の知らせが入ったゆえ、都へ入って上様（信長）を救援すべし」と号令し、斎藤利三《さいとうとしみつ》率いる先陣約二千が東へ向かった。

利三に仕える足軽の長兵衛《ちょうべえ》は、「謀反したのは、上洛中と聞く徳川殿だろうか？**(3)**」と考えたが、答えがわからぬまま松明《たいまつ》をかかげて進むしかなかった。

桂川《かつらがわ》**(4)**を越えたところで、ようやく日が昇ってきた。利三が率いる約二千の先陣は、四条大路を抜けて四条坊門小路へと入り、謀反人どもが潜むという静かな寺にたどり着くと、ひたひたと周囲を包囲していった。

(3) 徳川殿だろうか？…明智光秀の配下として本能寺の変に従軍した武士・本城惣《ほんじょうそう》右衛門《えもん》が江戸時代初期に書き残したとされる手記『本城惣右衛門覚書』によると、本能寺の変の当日、光秀に率いられた下級武士たちは、目的地が本能寺であることも、敵が織田信長であることも知らなかったという。なお、惣右衛門自身は、謀反したのは上洛中の徳川家康だと思っていたと書き残している（最近異説もあり、「家康の謀反と思った」とするのは原文の誤読で、「家康の援軍に行くと思った」と解釈する研究者もいる）。

(4) 桂川…京都府内を流れる保津《ほづ》川の下流の京都市嵐山《あらしやま》～山崎川間の呼称。山崎付近で宇治川《うじがわ》、木津《きづ》川と合流して淀川《よどがわ》となる。

公家との連絡、京の治安・行政にあたった。本能寺の変の時、二条御所で討死した。

村田庄兵衛…136
?～1582年。信長か信忠の馬廻。本能寺の変で討死した。

毛利岩丸…18,34,36,48,78,153,156,172
?～1582年。信忠の小姓と思われる。本能寺の変の時、二条御所で討死した。

毛利長秀…76,83,93,122
1541～1593年。毛利秀頼。織田家家臣。信長の死後、豊臣秀吉に属した。朝鮮出兵に参陣するも、渡海することなく病没した。

毛利良勝…18,35,51,79,153,156
?～1582年。通称は新介。信長の馬廻。桶狭間の戦いの時、今川義元の首を取ったことで有名。本能寺の変の時、二条御所で討死した。

森長可…56,62,79,81,82,93,94,105,122,152
1558～1584年。通称は勝蔵。信長の家臣。信長の死後、小牧・長久手の戦いで豊臣秀吉に与し、長久手で討死した。

森成利…43,47,139,146,159,184,189
1565～1582年。乱、乱法師、蘭丸。諱は長定とも。信長の小姓、側近。本能寺の変の時、弟の坊丸、力丸とともに討死した。

や行

矢代勝介…23,33,64
?～1582年。晩年の信長に客分として仕えた馬術家。本能寺の変の時、家臣ではないので逃げろというすすめを断って討死したという。

弥助…26,119,140,193
→p154「Column④」を参照

矢部家定…31,113,159
生没年不詳。通称は善七郎。信長の側近。各種奉行や馬廻指揮官としても活躍。信長の死後、豊臣秀吉に属すが不遇だったようだ。

山口小弁…37,78
?～1582年。信忠の小姓。高遠城攻めで戦功があった。本能寺の変の時、二条御所で討死した。

山科言経…189
1543～1611年。織豊時代の公家。信長の死後、勅勘（勅命による勘当）を被り京を去り堺に居住。十二年後に勅免となった。『言経卿記』の著者として有名。

山上宗二…24
1544～1590年。堺の商人、茶人。豊臣秀吉の茶頭となるが放逐され、北条氏の客分となった。小田原攻めの際に再び秀吉と対面するも、勘気にふれ処刑されたという。

宥源…181
愛宕山白雲寺にあった六つの宿坊のうちの一つである上之坊大善院の住職。

与吉★…160
飯島郷の百姓の息子。

ハル（春）★…100,142
武田家家臣・土屋昌恒の妻。

坂西織部…81,82,99
?～1582年。経定。武田家家臣。飯田城主。織田軍による武田攻めの時、城を捨て逃げるも伏兵に討たれたと伝わる。

日向宗栄…83
生没年不詳。武田家家臣。大島城主。織田軍による武田攻めの時、織田信忠の攻撃を受けて城から退却した。

平井長康…47
生没年不詳。通称は久右衛門。信長の馬廻。弓衆を統率する一方で奉行衆としても活躍、伊勢神宮の遷宮の奉行を務めた。

平野勘右衛門…54
?～1582年。信忠の家臣。本能寺の変の時、二条御所で討死した。

平野新左衛門…76
?～1582年。信忠の馬廻と思われる。本能寺の変の時、二条御所にて討死した。

フク（福）★…16,158
石黒彦二郎の母。

平三郎…100,142
1578～1612年。土屋昌恒の嫡男。のちの土屋忠直。駿河で徳川家康に取り立てられ小姓として秀忠に仕えたのち、上総久留里藩二万石の初代藩主となった。

北条氏政…42,114
1538～1590年。通称は新九郎。後北条氏の四代当主。天正十八年（1590年）、豊臣秀吉に小田原城を包囲され、開城後、自刃した。

保科正直…81,82,92,99
→p99の注釈（4）参照

堀秀政…29,31,46,66,88,129,170,174
1553～1590年。通称は久太郎。信長の側近。信長の死後、豊臣秀吉に属し越前北庄十八万石を領した。小田原攻めの陣中で病没。

ま行

孫太郎★…58,84
飯島郷の百姓。

又八★…61
飯島郷の百姓。村の長老。

松井友閑…14,187
生没年不詳。信長の側近。右筆や堺の代官を歴任。信長の死後、羽柴秀吉に属したが天正十四年（1586年）に堺政所を罷免された。

松平家忠…144,150
1555～1600年。徳川家の家臣。家康の関東入府の際に武蔵忍一万石を与えられた。『家忠日記』の著者として有名。

松姫…99
→p98の注釈（3）を参照

水野忠重…151
1541～1600年。通称は藤十郎、惣兵衛。織田家家臣。刈谷城主。信長の死後、織田信雄、豊臣秀吉に仕えた。

ミネ（峰）★…58
飯島郷の百姓・孫太郎の妻。

村井貞勝…179,193
?～1582年。通称は吉兵衛。信長の家臣。京都所司代として朝廷や

1553～1615年。織田家家臣。キリシタン大名。徳川家康の禁教令で追放されマニラで没した。

滝川一益…76,105,108,112,115,118,120,122,127,137,152
1525～1586年。通称は久助、左近。織田家の重臣。信長の死後、豊臣秀吉に属すも徳川家康に敗れ出家した。

滝川益重…110
生没年不詳。通称は儀太夫。滝川一益の甥。一益の死後、豊臣秀吉に従い小牧・長久手の戦いや九州攻めに従軍した。

武井夕庵…55
生没年不詳。美濃斎藤氏に仕えたのち、信長の右筆、奏者として重用され外交にも携わった。天正九年(1581年)の京都御馬揃えの時には、すでに七十余歳の老齢だったという。

武田勝頼…56,83,86,100,104,105,108,112,129
1546～1582年。武田信玄の四男。元服後に諏訪氏の名跡を継いだが、長兄が刑死したため信玄の嗣子となった。

武田信勝…56,111
1567～1582年。通称は太郎。武田勝頼の長男。母は苗木城主・遠山勘太郎の娘で、信長の養女(姪)だった。

武田信廉…83,105
1532?～1582年。通称は孫六。武田信玄の同母弟。兄の影武者を務めていたと伝わる。織田軍によって殺された。

武田龍宝…105
1541～1582年。龍芳。海野信親。武田信玄の次男。幼少期より盲目で、半僧半俗の生活を送っていたという。

種村彦次郎…130
?～1582年。六角家旧臣の種村氏の一族。信忠の馬廻。本能寺の変の時、二条御所で討死した。

団忠正…62,81,82,93,94,105,122,152
?～1582年。通称は平八郎。名は忠直とも。信長の馬廻から信忠の側近に転じた。本能寺の変の時、二条御所で討死した。

茶屋四郎次郎…186
1545～1596年。名は清延。京の呉服師で、徳川家の御用商人。本能寺の変の報を徳川家康に伝えた。

長兵衛★…195
斎藤利三配下の足軽。

津田宗及…24
?～1591年。通称は助五郎。堺の豪商・津田宗達の嫡男で、茶人。茶頭として信長、豊臣秀吉に仕えた。

津田元嘉…76,130
?～1582年。織田元秀。通称は九郎次郎。信長の奉行衆から信忠の直臣に転じた。本能寺の変の時、二条御所で討死した。

土屋昌恒…100,110,142
1556?～1582年。通称は惣蔵。武田家の重臣・金丸筑前守虎義の五男。十五歳の時に駿河の武将・土屋備前守の養子となった。

主。武田信玄に下りその娘を妻とした。信長の死後、豊臣秀吉、徳川家康に仕えた。

喜平★…68,115,120,123
坪内利定配下の鉄砲足軽。

キヨ★…72
加藤順政の側妻。加藤辰千代の母。

行祐…181
愛宕山白雲寺にあった六つの宿坊のうちの一つである西之坊威徳院の住職。

九鬼嘉隆…186
1542～1600年。伊勢国司の北畠氏に属し、次いで信長に従った。関ヶ原の戦いでは西軍に属し、戦後に自刃した。

楠木長諳…89,188
1520～1596年。大饗(楠木)正虎。通称は長左衛門尉。松永久秀に仕え、のち信長、豊臣秀吉の右筆を務めた。

桑原助六郎…76,112
?～1582年。赤座助六郎。助六。信長か信忠の馬廻と思われる。本能寺の変の時、二条御所で討死した。

源次郎★…162
飯島郷の百姓の息子。

幸若太夫…172
→p172の注釈(4)参照

近衛前久…172,179,189
1536～1612年。織豊時代の公家。本能寺の変後、徳川家康を頼り浜松に下向。その後、帰京し隠棲した。

吾平★…183
飯島郷の百姓。村一番の歌の名人。

惟任日向守→明智光秀

さ行

斎藤利三…195
?～1582年。通称は内蔵助。明智光秀の家臣。本能寺の変後、羽柴秀吉に敗れ逃れるが、捕らえられ六条河原で処刑された。のちに末娘が三代将軍徳川家光の乳母(春日局)となった。

酒井忠次…174,186
1527～1596年。通称は小五郎。徳川家康の重臣で、多くの軍功をあげ徳川四天王の一人に数えられた。

佐久間信栄…34
1556～1631年。通称は甚九郎。佐久間信盛の嫡男。大坂の陣後に徳川秀忠の御咄衆となり、江戸で死去した。

佐久間信盛…19,34
→p19の注釈(4)参照

佐久間兵大夫…13,20,22,29,31,64,126,136,138,148,156,165,185,190
?～1582年。信長か信忠の馬廻と思われる。本能寺の変の時、明智軍と戦い討死した。

桜木伝七…49,92,96
?～1582年。信忠の馬廻と思われる。本能寺の変の時、二条御所にて討死した。

佐々木次郎…130
1547～1620年。佐々木次郎左衛門尉。六角次郎。六角義賢の子。

生没年不詳。信忠の馬廻。『甫庵信長記』(※)に信濃高遠城攻めでの活躍が描かれている。

梶原又右衛門…139
?～1582年。梶原松千代の家臣。本能寺の変の時、病の主君に代わって二条御所に駆けつけ討死した。

梶原松千代…139
1570～?年。信長か信忠の小姓。本能寺の変の時、京にいたが病のため二条御所に駆けつけることができなかった。

春日河内守…99
?～1582年。名は昌吉。春日城(長野県伊那市西町)城主。高遠城に籠城して討死し、春日城も焼き払われた。

加藤辰千代…19,37,49,63,72,78,95,172
1567～1582年。加藤順政の子。信忠の小姓。高遠城攻撃で一番乗りの功を立て、本能寺の変の時、二条御所で討死した。

加藤順政…67,73
1535～1599年。熱田加藤家十四代。商人として活躍する一方、信長、信忠、信雄と代々の尾張領主に仕えた。

金森義入…19,48,78,152
?～1582年。信長か信忠の小姓。金森長近の次男で、本能寺の変の時に二条御所で討死した長則と同一人物とされる。

金森長近…153
1525～1608年。通称は五郎八。信長、のち豊臣秀吉に仕え、関ヶ原の戦いでは徳川方に属した。茶人としても有名。

兼松正吉…43
1542～1627年。通称は又四郎。信長の馬廻。天正元年(1573年)の朝倉軍追撃の時に功を立て、信長より足半を賜った。

鎌田五左衛門…77
生没年不詳。鎌田新介。本能寺の変の時、信忠を介錯したあと二条御所を逃れた。のち福島政則に仕え、朝鮮の役で客死した。

カヨ(加代)★…58
飯島郷の百姓夫婦・孫太郎とミネの娘。

河尻秀隆…51,76,83,93,122,152
1527～1582年。通称は与兵衛尉。武田攻めの功で甲斐および信濃諏訪郡を与えられ甲府に入るが、本能寺の変以後の混乱の中、武田家旧臣による一揆で殺害された。

神林十兵衛…99
?～1582年。高遠衆の武田家家臣。織田軍による高遠城攻めの時、城に籠もり討死した。

甘露寺経元…179
1535～1585年。織豊時代の公家。本能寺の変の前日、勅使として信長の上洛を祝うため本能寺を訪れた。

キク(喜久)★…17,19,51,128,156,171
毛利良勝(新介)の娘。

木曾義昌…54,56,82,100,114,122
1540～1595年。信濃国木曾の領

※『甫庵信長記』…江戸初期に儒学者・医師の小瀬浦庵が著した織田信長の伝記。太田牛一の『信長公記』をもとに加筆・潤色を加えたもの。

(四男とも)。本能寺の変の時、二条御所にて討死した。

織田長益…31,82
1547～1621年。信長の弟。本能寺の変の時、二条御所を脱出して難を逃れた。有楽斎の斎号で茶人として活躍した。

織田信雄…31
1558～1630年。信長の次男。通称は三介。大坂の陣では徳川家康に味方し、大和国宇陀郡松山他に五万石を与えられた。

織田信包…31
1543～1614年。信長の弟。通称は三十郎。関ヶ原の戦いで西軍に属したが、敗戦後も旧領は安堵された。

織田信澄…176,186
1558?～1582年。信長の甥。通称は七兵衛。本能寺の変の三日後、明智光秀の縁者であるとして織田信孝に討たれた。

織田信孝…40
1558～1583年。信長の三男。通称は三七郎。本能寺の変後、岐阜城主となったが、秀吉と対立して敗れ自害した。

織田信忠…18,31,34,36,47,48,54,57,62,76,83,92,94,104,112,119,120,122,129,130,152,172,176,178,185,192
1557～1582年。信長の嫡男。通称は勘九郎。本能寺の変の時、二条御所に籠もって明智光秀軍と戦い自刃した。その後、嫡男の三法師(織田秀信)が織田家を継ぐが、関ヶ原の戦い後に改易となった。

織田元秀→津田元嘉

小原継忠…83
?～1582年。武田勝頼の側近。勝頼に最後まで従い、田野において戦死した。

小山田信茂…102,108
1539?～1582年。通称は弥五郎。武田家の重臣。武田氏滅亡の時、勝頼を裏切り、信忠に甲斐善光寺で殺された。

小山田昌成…98
生没年不詳。信玄、勝頼に仕えた武田家の重臣。高遠城に籠もって奮戦し、城主の仁科盛信や弟・大学助とともに自刃した。

小山田弥太郎…136
?～1582年。信長の馬廻と思われる。本能寺の変の時、二条御所で討死した。

オルガンティーノ…39
→p38の注釈(3)参照

か行

快川紹喜…132
?～1582年。臨済宗の僧。武田信玄の帰依を受け恵林寺の住持となり、天正九年(1581年)に大通智勝の国師号を朝廷から受けた。

鹿塩利賢…192
→p192の注釈(2)参照

勧修寺晴豊…179,189
1544～1603年。織豊時代の公家。しばしば織田信長、豊臣秀吉などと交渉を行い、公家と武士の橋渡し役を担った。

梶原次右衛門…86,97,98

幼少より松平元康(徳川家康)に仕えたが、のちに出奔し豊臣秀吉に臣従した。

石黒彦二郎…13,16,22,29,31,51,127,128,136,139,148,156,171,190
?～1582年。信長の馬廻と思われる人物。本能寺の変の時、二条御所で討死した。

石黒弥太郎★…158
石黒彦二郎の父。

伊丹新三…50
?～1582年。信長か信忠の馬廻と思われる人物。本能寺の変の時、二条御所で討死した。

一条内基…189
1548～1611年。天正三年(1575年)に内大臣、同九年関白に進み、同年氏長者(氏族の統率者)となった。

一条蔵人…104
1539?～1582年。武田信玄の異母弟の一条信龍のこと。『信長公記』には、甲斐に攻め込んだ信忠軍に捕らえられ斬首されたとある。

伊藤惣十郎…67
?～1605年。名は宗十郎とも。清須の商人で、尾張と美濃の商人を統括した。信長とは主従関係にあった。

犬飼助三…108,118
生没年不詳。滝川一益の家臣で、天正六年(1578年)に一益の白舟上乗りにより信長より黄金と服を賜った。

今井宗久…187
1520～1593年。通称は彦八郎、彦右衛門。堺の商人、茶人。津田宗及、千利休らとともに信長の茶頭となった。

今川孫二郎…43,139,184
?～1582年。信長の小姓。本能寺の変の時に討死した。

今福昌和…82
?～1582年。通称は市左衛門尉。武田家家臣。織田軍による武田攻めの時、高遠城に籠もり討死した。

今福又左衛門…99
生没年不詳。武田攻めの時、高遠城に籠もり戦死した。『武田三代軍記』には「今福又右衛門」とある。

梅若太夫…173
→p172の注釈(5)参照

上部貞永…46
1528～1591年。伊勢神宮外宮の権禰宜。天正十三年(1585年)に中絶していた伊勢神宮の正遷宮を実現した。

大脇伝内…19,38,66,106
生没年不詳。塩を商う商人で、信長と主従関係(信長の馬廻との説も)にあったという。

小笠原信嶺…82,93,94,99,114
1547～1598年。本能寺の変後は徳川家康に仕え、家康の関東入府の際に武蔵本庄一万石を与えられた。

小栗吉忠…144
1527～1590年。通称は又市、仁右衛門。本能寺の変の時に徳川家康の上洛に従っており、家康の伊賀越えに貢献した。

織田勝長…105
?～1582年。織田信房。信長の五男

登場人物索引 兼 人物紹介

※以下のうち織田家家臣の人物紹介については、主に『織田信長家臣人名辞典 第2版』(谷口克広著／吉川弘文館)を参照しました。
※人名の右に記載した数字は、本書内で各人物が登場するページです(項目ごとの初回登場ページのみ記載)。
※人名の後ろに★を付したのは架空の人物です。
※本文に登場する人名のみを掲載。注釈およびColumnで触れた人名およびページは記載していません。
※注釈で詳しく解説した人物の人物紹介は省き、該当する注釈の掲載ページと注釈番号を表示しています。

あ行

アオイ（葵）★…164,185
安土城下の傾城屋(女郎屋)で働く遊女。「葵」は源氏名。

青地孫二郎…26
生没年不詳。天正六年(1578年)の安土における相撲会に参加し、信長より百石と私宅を賜った。

青地与右衛門…26,31,64,159,166
生没年不詳。元亀元年(1570年)の近江常楽寺における相撲会で活躍し織田家家臣に。御厩別当として、馬揃えでは駿馬をひかせる奉行を務めた。

青山与三…43
1542～1612年。鷹匠頭として信長に仕えた。本能寺の変後は前田利家に仕えた。

赤座永兼…130
?～1582年。通称は七郎右衛門。織田家家臣。桑原(赤座)助六郎の兄。

明智光秀…14,168,170,180,194
1528?～1582年。通称は十兵衛。織田家の重臣。のち惟任日向守と称す。本能寺の変ののち、山崎の戦いで羽柴秀吉に敗れ、敗走中に農民に殺された。

明智光慶…24,180
?～1582年。通称は十五郎(十兵衛とする説も)。明智光秀の嫡男。本能寺の変後、坂本城落城の際に自害したと伝わる。

上松義豊…56
生没年不詳。木曾義昌の弟。

穴山梅雪…88,100,114,122,168,172,174,176,178,186
1541～1582年。名は信君。通称は彦六郎、左衛門大夫。武田家の重臣。武田信玄の娘婿。本能寺の変の直後、帰国途上の山城国宇治田原にて一揆勢に殺害された。

飯島小太郎…99,160
→p161の注釈(4)参照。

飯島彦一★…59,85
飯島郷の名主。

飯島民部少輔…99,160
→p161の注釈(4)参照。

飯河宮松…139,184
?～1582年。信長の小姓。本能寺の変の時に討死した。

生駒家長…66
?～1607年。通称は八右衛門。信長の側室・生駒氏(吉乃)の兄。信長の馬廻と商人を兼業していた。

石川数正…174
1533～1593?年。通称は与七郎。

主要参考文献

『現代語訳 信長公記』太田牛一著、中川太古訳（KADOKAWA）／『完訳フロイス日本史1 織田信長編Ⅰ 将軍義輝の最期および自由都市堺』ルイス・フロイス著、松田毅一・川崎桃太訳（中央公論新社）／『完訳フロイス日本史2 織田信長編Ⅱ 信長とフロイス』ルイス・フロイス著、松田毅一・川崎桃太訳（中央公論新社）／『完訳フロイス日本史3 織田信長編Ⅲ 安土城と本能寺の変』ルイス・フロイス著、松田毅一・川崎桃太訳（中央公論新社）／『織田信長家臣人名辞典』谷口克広著（吉川弘文館）／『戦争の日本史13 信長の天下布武への道』谷口克広著（吉川弘文館）／『信長の親衛隊』谷口克広著（中央公論新社）／『信長軍の司令官』谷口克広著（中央公論新社）／『織田信長合戦全録』谷口克広著（中央公論新社）／『信長と消えた家臣たち』谷口克広著（中央公論新社）／『織田信長の外交』谷口克広著（祥伝社）／『信長の政略』谷口克広著（学研パブリッシング）／『増訂 織田信長文書の研究 下巻』奥野高廣著（吉川弘文館）／『織田信長の家臣団――派閥と人間関係』和田裕弘著（中央公論新社）／『信長公記――戦国覇者の一級史料』和田裕弘著（中央公論新社）／『虚像の織田信長 覆された九つの定説』渡邊大門編（柏書房）／『明智光秀と本能寺の変』渡邊大門著（筑摩書房）／『倭寇・人身売買・奴隷の戦国日本史』渡邊大門著（星海社）／『性と愛の戦国史』渡邊大門著（光文社）／『武田三代 信虎・信玄・勝頼の史実に迫る』平山優著（PHP研究所）／『織田信長 戦国時代の「正義」を貫く』柴裕之著（平凡社）／『織田信長』西ヶ谷恭弘著（ナツメ社）／『戦国の風景 暮らしと合戦』西ヶ谷恭弘著（東京堂出版）／『信長研究の最前線 ここまでわかった「革新者」の実像』日本史史料研究会編（朝日新聞出版）／『織田信長』神田千里著（筑摩書房）／『戦国と宗教』神田千里著（岩波書店）／『織田信長と戦国の村 天下統一のための近江支配』深谷幸治著（吉川弘文館）／『信長の城』千田嘉博著（岩波書店）／『シリーズ「遺跡を学ぶ」002 天下布武の城・安土城』木戸雅寿著（新泉社）／『キリシタン教会と本能寺の変』浅見雅一著（KADOKAWA）

／『フロイスの見た戦国日本』川崎桃太著（中央公論新社）／『続・フロイスの見た戦国日本』川崎桃太著（中央公論新社）／『ルイス・フロイスが見た 異聞・織田信長』時空旅人編集部編（三栄書房）／『戦国最強の兵器図鑑 火縄銃・大筒・騎馬・鉄甲船の威力』桐野作人著（新人物往来社）／『朝日選書579 戦国の村を行く』藤木久志著（朝日新聞社）／『朝日選書777 新版 雑兵たちの戦場 中世の傭兵と奴隷狩り』藤木久志著（朝日新聞社）／『戦国の作法――村の紛争解決――』藤木久志著（平凡社）／『戦国大名の兵糧事情』久保健一郎著（吉川弘文館）／『百姓から見た戦国大名』黒田基樹著（筑摩書房）／『日本の歴史 第13巻 一揆と戦国大名』久留島典子著（講談社）／『軍需物資から見た戦国合戦』盛本昌広著（洋泉社）／『戦国大名の経済学』川戸貴史著（講談社）／『お茶と権力 信長・利休・秀吉』田中仙堂著（文藝春秋）／『茶の湯の歴史 千利休まで』熊倉功夫著（朝日新聞社）／『戦国時代の村の生活―和泉国いりやまだ村の一年―』勝俣鎮夫著、宮下実絵（岩波書店）／『戦国武将、虚像と実像』呉座勇一著（KADOKAWA）／『信長と弥助 本能寺を生き延びた黒人侍』ロックリー・トーマス著（太田出版）／『明智光秀 浪人出身の外様大名の実像』谷口研吾著（洋泉社）／『天正10年の史料だけが晴らす本能寺の変の真実』斎藤忠著（実業之日本社）／『F-Files No.026 図解 戦国武将』池上良太著（新紀元社）／『歴史・時代小説ファン必携【絵解き】雑兵足軽たちの戦い』東郷隆著（講談社）／『図解！戦国時代』「歴史ミステリー」倶楽部著（三笠書房）／『日本の歴史11――戦国大名』杉山博著（中央公論新社）／『戦国時代用語辞典』外川淳著（学習研究社）／『戦国日本の軍事革命』藤田達生著（中央公論新社）／『現代語訳 家忠日記』中川三平編（ゆいぽおと）／『徳川家康家臣団の事典』煎本増夫著（東京堂出版）／『中世史講義――院政期から戦国時代まで』高橋典幸・五味文彦編（筑摩書房）／『新版 日本生活文化史 第五巻 動乱から秩序化へ』原田伴彦編（河出書房新社）／『眠れなくなるほど面白い 図解 戦国武将の話』小和田哲男監修（日本文芸社）／『戦国の合戦と武将の絵事典』小和田哲男監修、高橋伸幸著（成美堂出版）／『戦国武将の叡智』小和田哲男著（中央公論新社）／『呪術と占星の戦国史』小和田哲男著（新潮社）

もしも戦国時代に生きていたら

監修 小和田哲男／辻明人

2023年9月10日 初版発行

作品監修 小和田哲男（おわだ てつお）
歴史学者、文学博士。日本中世史、特に戦国時代史を専門とする。（公財）日本城郭協会（理事長）ほか、所属学会多数。1944年静岡生まれ、1972年、早稲田大学大学院文学研究科博士課程修了。2009年、静岡大学を定年退職。現在、静岡大学名誉教授。『日本人は歴史から何を学ぶべきか』（三笠書房）ほか著書多数。

制作監修 辻明人（つじ みょうじん）
1966年東京生まれ。出版社勤務。歴史雑誌の編集部に18年間在籍し、うち12年間編集長を務める。現在は歴史コンテンツプロデューサーの業務の一環として、歴史に関わる企画協力、原稿執筆などを行う。小学館和樂Webに歴史記事を多数寄稿。著書に『首都に眠る戦国遺構 東京の城めぐり』（GB）がある。

＊本文中、現在は不適切と思われる表現がありますが、差別的な意図を持って書かれたものではないこと、また作品が歴史的時代を舞台にしていることを鑑み、原文のまま掲載したことをお断りいたします。

発行者 横内正昭
編集人 内田克弥（ワニブックス）
発行所 株式会社ワニブックス
〒150-8482
東京都渋谷区恵比寿4-4-9えびす大黒ビル
ワニブックスHP http://www.wani.co.jp/
（お問い合わせはメールで受け付けております
HPより「お問い合わせ」へお進みください）
※内容によりましてはお答えできない場合がございます。

執筆・編集 小芝俊亮（小道舎）
装丁 小口翔平＋後藤 司（tobufune）
本文デザイン 森田千秋（Q.design）
DTP G.B.Design House
校正 篠原 亮

印刷所 凸版印刷株式会社
製本所 ナショナル製本

ISBN 978-4-8470-6688-7

WANI BOOKOUT http://www.wanibookout.com/
WANI BOOKS NewsCrunch https://wanibooks-newscrunch.com/

ワニブックス